ちくま新書

アメリカ黒人史
——奴隷制からBLMまで

ジェームス・M・バーダマン
James M. Vardaman
森本豊富＝訳

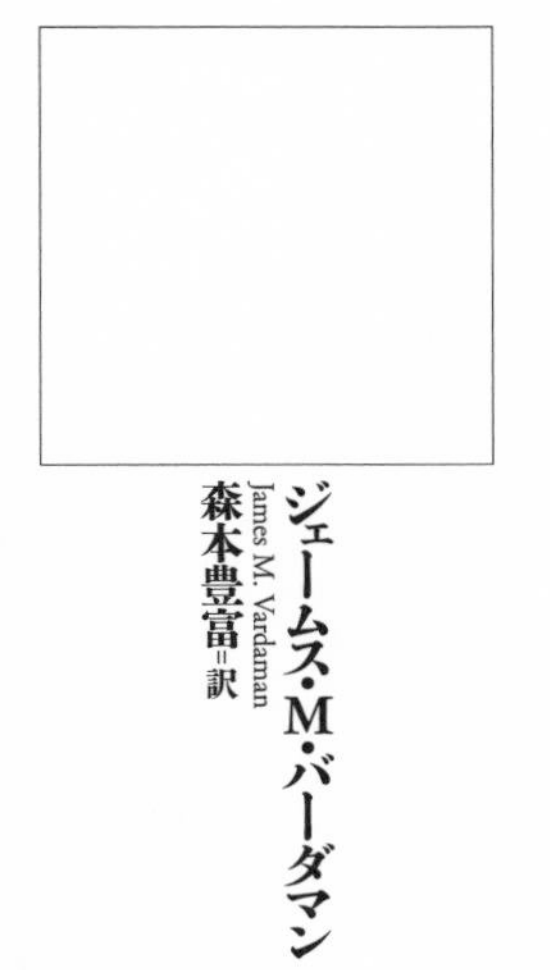

1539

アメリカ黒人史——奴隷制からＢＬＭまで【目次】

翻訳協力＝川野太郎

南北戦争時代のアメリカ合衆国

はじめに

アメリカ黒人や他の有色人種に対する差別的扱いが最近になって改めて新聞の見出しを賑わしている。公民権運動が盛んになった一九五〇年代から六〇年代以降、アファーマティブアクション（積極的優遇措置）などによるマイノリティに対する待遇改善や、アメリカ初の黒人大統領が選出されたことなど、半世紀以上を経て、アメリカ社会はかなりの改善を成し遂げてきたといえる。たしかに、マイノリティの地位向上は、一九五〇年代当時と二〇二〇年の今とを比較すれば雲泥の差がある。

しかし一方で、表向きの改善とは裏腹に、一向に改善されていない局面、あるいは悪化している点も多く存在する。黒人男性が単に疑わしく見えるというだけの理由で白人警官によって射殺される事件、また罪を犯した警官に対する刑罰が軽い事例など枚挙にいとまがない。

たとえば、二〇一四年にミズーリ州ファーガソンの白人警官が、武装していない黒人の若者マイケル・ブラウン・ジュニアを射殺したが、その後、その警官は懲戒処分を受けることはなかった。

また、二〇一七年には、奴隷制度の象徴である南軍リー将軍の銅像の撤去に抗議した白人至上主義者がバージニア州シャーロッツビルに集まり、ユダヤ人や黒人に対してあからさまな憎悪を声高に叫んだ。その様子は、あたかもKKK（クー・クラックス・クラン）が黒人の権利回復運動に対して暴力的阻止にかかった過去の出来事が再現されるかのような恐れを抱かせた。大統領は喧嘩両成敗と言ったが、実際はどちら側についているかは明らかだった。

差別的行為を助長するかのような発言を続ける大統領がホワイトハウスに執務室をかまえている二〇二〇年五月二五日、ミネソタ州ミネアポリスで起きた事件は、警官による単なる黒人への暴力では済まされなかった。かつて懲戒処分を受けたこともある白人警官が黒人男性ジョージ・フロイドの首根っこに膝を押しつけて窒息死させ、他の三人の警察官たちが傍観しているという映像が全米、そして全世界に流れると、アメリカ黒人に対する白人警官の長年にわたる暴力行為が改めて衆目を集めることになった。

BLM「ブラック・ライブズ・マター＝黒人の命は大切」運動は、当事者であるアメリカ黒人に限らず、マジョリティの白人や他のマイノリティ集団にも燎原（りょうげん）の火のごとく広まり、抗議集会やデモの様子がメディアでも盛んに報道された。このようなマイノリティを社会的不正義から守ろうとする運動は今に始まったことではないが、今回の運動は今までと異なっている。略奪行為も起きたが、黒人に対する差別の撤廃運動への共感が、日本を含めた諸外国にも広がったのだ。

しかしジョージ・フロイド事件を一過性の個別のケースとして扱っていては、アメリカ黒人が直面する問題の根本は理解できない。最初の奴隷がアフリカから連れてこられた一六一九年に戻り、現在に至るまでの経緯を改めて整理しておく必要がある。そしてまた、黒人に限らずアメリカ先住民も含めての歴史に立ち返らない限りは、テレビでの報道が人種差別的事件を取り上げなくなると、またすぐに忘却され、同じ事件が繰り返されることになる。

アメリカ人自身も、一九六〇年代まではアメリカ先住民や黒人の歴史について教育現場で教えられることはなかった。それまでは、白人は英雄、開拓者、偉大な思想家、政治の指導者として描かれ、先住民や黒人の歴史は教科書では十分に取り扱われなかったのだ。アフリカ人の奴隷貿易からプランテーションでの奴隷としての生活、南北戦争後の再建時代とジム・クロウ(一八七〇年代から一九五〇年代にかけての黒人差別)のもとでの抑圧された状況、一九六〇年代の公民権運動と対抗勢力の暴力的行為、そして現在も続く黒人や他のマイノリティに対する差別は、現在でも学校で真剣に取り上げられているとは言い難い。確かに一九六〇年代以前と比べれば改善されているかもしれないが、自分は黒人差別とは無関係だと言って、知らないふりをしていて良いのだろうか。バラク・オバマが大統領に選出されたことを機に、アメリカは「ポスト人種」の時代に入ったと、うそぶいていて良いのだろうか。

本書は、日本人がアメリカ黒人の歴史についていかに知らないことが多いかを、また黒人の歴史がアメリカの歴史の根幹に関わるものであり、人種差別の根深さそのものを体現していることを明らかにするものである。不正義とは法律、社会制度、道義的責任、個人的活動全てを含む広範な分野で使われる言葉である。一九六〇年代にアメリカでよく聞かれた表現に「あなたが問題解決の一部でないとしたら、あなた自身が問題の一部である」という警鐘がある。対岸の火事というように無関心を装うのではなく、振り返って日本社会の現状についても考え直すという姿勢が必要ではなかろうか。

二〇一一年、オバマ大統領の一期目に私たちはＮＨＫブックスから『アメリカ黒人の歴史』を上梓した。その中でも触れたが、アメリカ黒人に関するさまざまな呼び方の変化についてひとこと触れておきたい。第一に、アングロサクソン系が中心であったアメリカでは、「ニグロ」(Negro) という表現が一般的に使われた。二〇世紀前半では、「ニグロ」、あるいは「カラード・パーソン」(colored person) が好んで使われた。「ニグロ年鑑」(Negro Yearbook) や「全米有色人種地位向上協会」(NAACP = National Association for the Advancement of Colored People) などにその例を見出すことができる。一九六〇年代に入ると、「アフロ・アメリカン」(Afro-American) という呼び方が短期間ではあるが使われるようになり、やがて「アフリカン・アメリカン」(African American)、「ブラック・アメリカン」(Black American) あるいは

「ブラック・ピープル」(Black people)、また単に「ブラックス」(Blacks)が使われるようになり、これらは現在でも特に差別的意味合いがなく使われている。

一方、間違いなく差別的な意味合いを含む表現がある。最初にカリブ海の英領植民地バルバドスで一六五五年に使われた「ニガー」(Nigger)は、現在のアメリカ英語の中では最も軽蔑的なニュアンスをもつ呼称であるといってよかろう。したがって、そのものを言葉にして言ったり、書いたりするかわりに「N-ワード」(N-word)という表現が用いられることがある。似通った表現に、微妙に異なる「ニガー」(Niggah)、「ニガズ」(Niggaz)という呼び方がある。これらのつづりと発音は、ヒップホップなどでよく見かけたり聞いたりする表現であるが、さまざまな意味を含んでいる。完全に黒人文化と同一化していることを表したり、親友やボーイフレンドまたはスタイリッシュな人を指したりすることもある。しかし、発音が「ニガー」と酷似していることや、そもそも黒人間で使われる表現であることから、黒人以外の人びとが得意そうにこれらの表現を使うことは、極力避けるべきであろう。

NHKブックスの『アメリカ黒人の歴史』が出版されてから一〇年近くが経過した。その後の展開を加えたかたちで、この度、ちくま新書から改訂版を出版することになった。この企画を可能にしてくださったNHK出版に深く感謝の意を表したい。また、筑摩書房が本企画を快く受け入れてくださったことに対して厚く御礼申しあげたい。改めて、アメリカの成り立ちを理解するうえで、アメリカ黒人の歴史を奴隷の時代から現代に至るまで把握しておくことは不可欠であり、そのことはアメリカ黒人に限らず、アメリカ社会の成り立ち、さらには世界で起きている人種差別や民族問題についての理解を深めるのに役立つことを強調しておきたい。本書の編集にあたっては、ちくま新書編集部の河内卓さんに大変お世話になった。心から御礼申し上げたい。

二〇二〇年九月

著者

第1章 アフリカの自由民からアメリカの奴隷へ

†最初のヨーロッパ人とアフリカ人の遭遇

アフリカ系アメリカ人の歴史は、一般的に一六世紀のスペインの探検家に連れられてきたという話か、一六二〇年代のジェームズタウン（現在のノースカロライナ州）にいた奴隷アフリカ人から始まるのがお決まりだ。しかし、それでは奴隷制度の原点を十分に知ることはできないし、なぜヨーロッパ人たちがアメリカにアフリカ人奴隷を連れてきたのかを正しくは理解できない。

本章では、まず初期のヨーロッパ人とアフリカ人との出会いから説き起こすことにしたい。そうすることによって、アメリカの奴隷制度の始まり、それを生んだ精神的、社会的土壌について源流からたどることが可能になる。

ヨーロッパ人とアフリカ人の最初の出会いがいつだったのか、正確なところは誰も知らない。しかし、エジプトにいた商人たちが、象牙（ぞうげ）と奴隷を求めてアフリカの西海岸に沿って旅していたことは間違いない。また、一一世紀以降、西アフリカが金貨鋳造用の金をイタリア、フランス、イギリスに供給していたことも知られている。さらに、七世紀から一九世紀にかけて、北アフリカでは、アラブ商人たちがサハラ砂漠地帯での取引で、中東に奴隷を供給していたのもたしかだ。

さらに、ヨーロッパでの伝染病の蔓延が、アフリカが奴隷の供給地として注目を浴びるきっかけになったことも事実である。なかでも南ヨーロッパの農業労働者人口の三分の一以上を一挙に奪ってしまった黒死病（一三四七〜五一）が奴隷の需要を促した大きな要因であった。

イスラム教徒たちがシリア、キプロス、シチリアなどの東部地中海地域で行っていたサトウキビ・プランテーションとサトウキビの加工法を、ヨーロッパ人たちは十字軍遠征の中で学んだ。最初は捕らわれたイスラム教徒とスラブの人びと（奴隷：Slave の語源となった）が、プランテーションで労働に駆り出されていた。しかし、ヨーロッパでの砂糖の需要がまさっていたため、プランテーションは地中海からさらに西へと広がっていった。つまり、奴隷制度と砂糖の結びつきは、アメリカ大陸で、ヨーロッパ人による歴史が始まる以前から存在していたのである。

一四五三年、トルコ人がコンスタンチノープルを占領すると、黒海周辺のスラブ地域からヨーロッパへの奴隷の供給は遮断されてしまった。また、奴隷の需要の増大につれて、一四五五年にはローマ教皇勅書によってアフリカ沿岸部の奴隷取引はポルトガル人に占有され、ほかのヨーロッパ人たちは、別の方法を講じる必要があった。その新たな奴隷確保のしくみは、アフリカ北西の沖合八〇キロメートルに位置するカナリア諸島向けに始まった。

捕らえられた奴隷たちは、地中海に沿ってサトウキビ・プランテーションへと移動させられた。無人島であったマデイラ諸島に奴隷が運ばれ、そこで収穫、加工された砂糖は一四五六年までにはイギリスのブリストルに達していた。一方、カナリア諸島の収穫量は一五四〇年代にはマデイラ諸島をしのぐほどになっていた。一八世紀になると、砂糖はイギリスとフランスの輸入産物の中で最も価値ある商品になるなど、ヨーロッパ中いたるところに広まり、人びとの日常生活にとって欠かせないものになっていった。

ポルトガル人は、サハラ砂漠全域を取り仕切っていたアフリカ人とアラブ人の商人を避けるために、アフリカ大西洋岸を探検した。彼らはさらに南下し、一四七二年にゴールドコースト（黄金海岸、現在のガーナ）にたどり着き、一四八八年にはアフリカ最南端の喜望峰に到達した。探検家の後には、商人が続いた。そして、度重なる危険をものともせず多額の利益をあげていった。アフリカ人はヨーロッパの織物、銀、銃、コヤスガイ（馬や他の動物の購入にかかる貨幣として使われていた）を得る一方で、ポルトガル人や他のヨーロッパ人たちは象牙、胡椒、香辛料、獣の皮、金、そして奴隷を求めた。

中世のヨーロッパでは、キリスト教徒が異教徒を奴隷化することは、魂の救済であるとされ、正当化されていた。この論理は、後にアメリカへの入植者たちによって受け継がれ、やがてアフリカ系アメリカ人に対する無慈悲な処遇に転化された。ポルトガル人によって始められ、他のヨーロッパ人たちによって広められた奴隷売買は、こうしてサトウキビ・プランテーションの発達と軌を一にして大規模化していったのである。

アメリカの奴隷制度研究の第一人者で、メリーランド大学の教授であるアイラ・バーリンらの研究は、沿岸地域でのアフリカ人とポルトガル人との取引についての特徴を明らかにしている。まず第一点として、ポルトガルの商人が特定の商人や政治家たちと付き合い、交渉していたことを挙げている。先々の交渉を円滑に進めるために、アフリカ人はときに自発的に、またときに力ずくでヨーロッパに連れていかれ、そこでヨーロッパ人の言語を学び、航海では取引の仲介者またはガイドとしての役割を担わされた。アフリカの貿易商人たちにとっても、このような方法は理にかなうこととして歓迎された。

第二点目としては、アフリカ人とヨーロッパ人との交流は、一五七五年、西中央アフリカのアンゴラにポルトガル植民地ができたときから始まったわけではなく、それよりもさかのぼること一〇〇年以上前に交流を始めていたとしている。この異文化交流は、征服の結果生じたわけではなかった。

どのような交流があったか。バーリンらによると、現在、西中央アフリカに居住する「大西洋クレオール」(Atlantic Creole) と呼ばれる人びとは、言語、社会、文化、政治形態を共有しており、大西洋アフリカ地域のどこよりも均質な集団を形成している。たとえば、音楽を例にとると、ヨーロッパ人はアンゴラの角笛、弦楽器とドラムを取り入れ、アンゴラ人はヨーロッパの角笛を使うようになった。それぞれがお互いの音楽を学びながら、自らの音楽的特色を加えて独自のものへと発展させていった。そして、じつはこのような異種混淆の文化の創造者である「大西洋クレオール」たちも、新世界に奴隷として送り出された人びとであった。強制連行ばかりが強調されがちな一般的なイメージとは違って、実は彼らは異言語、異文化への適応能力にきわめて秀でた人びとであったと考えるほうがより真実に近い。

大西洋クレオールの文化は、キリスト教を含むものでもあった。そのきっかけは押しつけられたものであったとしても、取り込まれていく過程で、伝統的な「あの世」の存在や領土の管轄権を持つ神々と祖先の魂を包含した、アフリカ化されたキリスト教となっていった。要するに、アフリカ人は北米の海岸に到達する以前にキリスト教に出合い、その教えは地元の宗教的な信条と伝統に融合し変化していた。つまり、アフリカ人奴隷が北米に移動した後に、奴隷の所有者と伝道者によってはじめてキリスト教の教えに遭遇したというのは正しくない。

ヨーロッパ人はアフリカ西海岸に沿って、停泊地や長期間使用できる貿易港を確立していった。そして、それらの地名は輸出品目にまつわる名前が使われるようになっていく。すなわち、穀物海岸（リベリア）、黄金海岸（ガーナ）、象牙海岸（コートジボアール）、そして奴隷海岸（ベナンとナイジェリア）であり、これらの地域からポルトガル人、スペイン人、オランダ人、イギリス人が奴隷をヨーロッパに送り出していった。ポルトガル人は、やがて食糧の備蓄と駐屯軍を備えた取引砦エル・ミナをガーナに建設した。そして、ほどなくほかのヨーロッパ人たちも、それぞれの利権を確保するために同様の手段をとっていった。アフリカ人奴隷は、これらの砦に連れていかれ、奴隷船が最終目的地へと運び出すまで待機させられたのである。

†アフリカの中の奴隷制度

「奴隷制度」というと、大西洋をはさんだ大陸間の奴隷売買がまずイメージされるが、さまざまなかたちの制度がアフリカ大陸内にすでにあった。ローマ時代の奴隷制度の定義をそのままアフリカに当てはめるのはふさわしくないかもしれないが、「奴隷」が自由に売り買いされるという点においては、ほぼ同義で使ってもかまわない。奴隷は職業選択の自由はなく、雇い主を選ぶこともできない。また、婚姻や資産に関する権利は持たず、子どもたちもまた奴隷としての身分を継承することになる。ヨーロッパ人がやってくる前のアフリカ大陸内での奴隷制度では、貧しい家族の子どもの養子縁組などで奴隷となることもあったし、個人の負債、不倫、魔術または犯罪に対する処罰としてなることもあった。しかし、最も一般的なのは、種族間の抗争で捕らえられ、囚人として奴隷になることだった。

これらの奴隷にまったく自由がなかったというわけではない。一部の奴隷は結婚相手を選ぶ自由も与えられたし、場合によっては雇い主の家族の一員にさえなりえたのである。アフリカ大陸内での奴隷制度は残酷な処遇を与えられたこともあったが、生死に関わるほどのことはめったになかった。また、ヨーロッパ人に売られる奴隷は、おもに大西洋岸の五〇マイル（約八〇キロ）以内で拿捕（だほ）された捕虜であった。ヨーロッパに連行された後も、奴隷はおもに家庭で働くために使われ、ほかのヨーロッパ人とともに働いた。

しかし、需要が増してくると、市場での奴隷売買が始まった。そのような奴隷市場は、北と東へのイスラム奴隷売買ルートと関係があった。居合わせた場所がたまたま悪かったというだけで、誘拐され奴隷となることもあった。この傾向を助長したのは、ヨーロッパの貿易商たちが、銃をアフリカの奴隷商人たちに売ったという事実であった。部族の領土拡大の野心を実現するために火力の使用はエスカレートしていく。そして、そのことは種族間での抗争を激化することへとつながっていった。ヨーロッパ人が主導的に奴隷制度を進行させていったというよりも、ヨーロッパ人と手を組んだアフリカ人の奴隷商人たちが、ほかのアフリカ人たちを大量に奴隷化していったのである。

アフリカの奴隷商人たちは、奴隷だけでなく、すべてのアフリカ製品の取引を独占できるように狡猾（こうかつ）に振る舞っていった。ヨーロッパ商人たちはアフリカ奴隷商人たちの独占を断ち切りたかったが、彼らは巧妙にヨーロッパ人たちの介入を許さなかった。また、大陸の内陸部では食物や水を安全に確保することが難しく、ヨーロッパ人は熱帯病などの困難にも直面した。

奴隷は、ブラジルやスペイン支配下のカリブ海地域にも非常に多く送られ、そのほかの新興植民地とも取引された。奴隷は西中央アフリカ文化、つまり「大西洋クレオール」文化から供給された。やがてクレオール的な背景を持たない奴隷たちに数の上では凌駕（りょうが）されることになるが、クレオール文化は次第に地歩を築いていった。先のアイラ・バーリンの言葉を借りれば、第一世代はローマ教皇の勅書によりポルトガル人が奴隷取引を占有した「勅書世代」とでも称することのできる世代で、第二世代はカナリア諸島、地中海、そして西インド諸島にできたプランテーションで働き始めた「プランテーション世代」で、ヨーロッパ人との接触がなくなった彼らは「ネオ・アフリカ」文化を形成した。このことについては、さらに次章で詳しく触れることとする。

非常に長い期間、奴隷貿易がアフリカの王国にとっては外貨獲得のための主要な手段であった。ガーナのアシャンティ帝国は奴隷を輸出して得た利益で金を輸入し、コンゴ王国にとっても奴隷は主要な輸出品であった。ハーバード大学アフリカ系アメリカ人研究学科長のヘンリー・ルイス・ゲイツ・ジュニアが指摘していることだが、彼の指摘を待つまでもなく、奴隷貿易は、ヨーロッパの白人とアフリカ人の一部の人間がともに責任を負うべき、文明史上最大の汚点の一つであるといえよう。

†ヨーロッパ・アフリカ・アメリカ――「三角貿易」の始まり

先にも述べたとおり、最初の奴隷売買はヨーロッパとアフリカ間の貿易であった。しかし、サトウキビ・プランテーションにふさわしい土地がカリブ海で発見されると、ヨーロッパ、アフリカ、アメリカの、より複雑な「三角貿易」に進化した。もっとも、カリブ海の西インド諸島または北アメリカからヨーロッパへの航海において、運ぶべき貨物を持たなかった奴隷船もあったので、取引のすべてが「三角貿易」とはいえなかった。

なお、アメリカからヨーロッパへの航路は最も利益のあがらない区間であった。実際、奴隷船の船長と船員の中にはいわゆる「新世界」つまりアメリカで航海を終えたら船を売却し、自分たちだけでヨーロッパに戻る者もいた。とはいえ、三角貿易の基本的な構図は、商品（英国またはニューイングランドから）、労働力（アフリカからの奴隷）、アメリカの原材料（カリブ海またはアメリカ南部から）がそれぞれ取引されるというのが基本的な流れであった。

そもそもアメリカの植民地が、なぜアフリカからの奴隷以外の、たとえば「年季奉公人」を含むほかの形態の労働者を雇い入れなかったのかと疑問を抱く人もいるかもしれない。その答えは、ヨーロッパの労働市場にある。

一五世紀から一六世紀にかけて、西ヨーロッパは急速な経済成長を遂（と）げた。その一方で、労働人口は一四世紀の黒死病の後、比較的緩やかなペースでしか増加していなかった。ヨーロッパの大部分の地域では、経済を拡張させるのに必要である人口が、あまりに少なかったのである。つまりそのことは、労働者の高賃金を意味した。アフリカから新世界に奴隷を送るのもコストはかかったが、いったん奴隷を手に入れれば賃金を支払う必要はない。そのため相対的に経済効率が高くなると判断され、奴隷制が採用されたわけだ。

　アメリカ先住民がなぜ奴隷にされなかったのかと疑問に思う人もいるだろう。この質問に対する答えは簡単ではないが、最大の理由としては、ヨーロッパからの入植者たちによってもたらされた伝染病、とくに天然痘による急速な人口減をあげることができる。また感染を逃れた先住民たちも、地の利を活かしてプランテーションから容易に脱走したため、労働力として定着しなかった。

　一七〇〇年頃のイギリスとアメリカの交易について、記録に残っているところでは、アメリカの奴隷船はロードアイランドから、イギリスはリバプールから出航した。そして、リバプールはその後も奴隷売買の中心になっていった。奴隷貿易は危険をともなったが、経済史家の推定では、奴隷商人が平均六〜一〇パーセントの利益を得たとされている。これは、現代ヨーロッパの基準からしても良好な利益還元率ではあるが、際だってよい数字とはいえない。しかしその後ビジネスは巨大化し、アメリカでヨーロッパの投資家と関係を持っていたバージニア州、

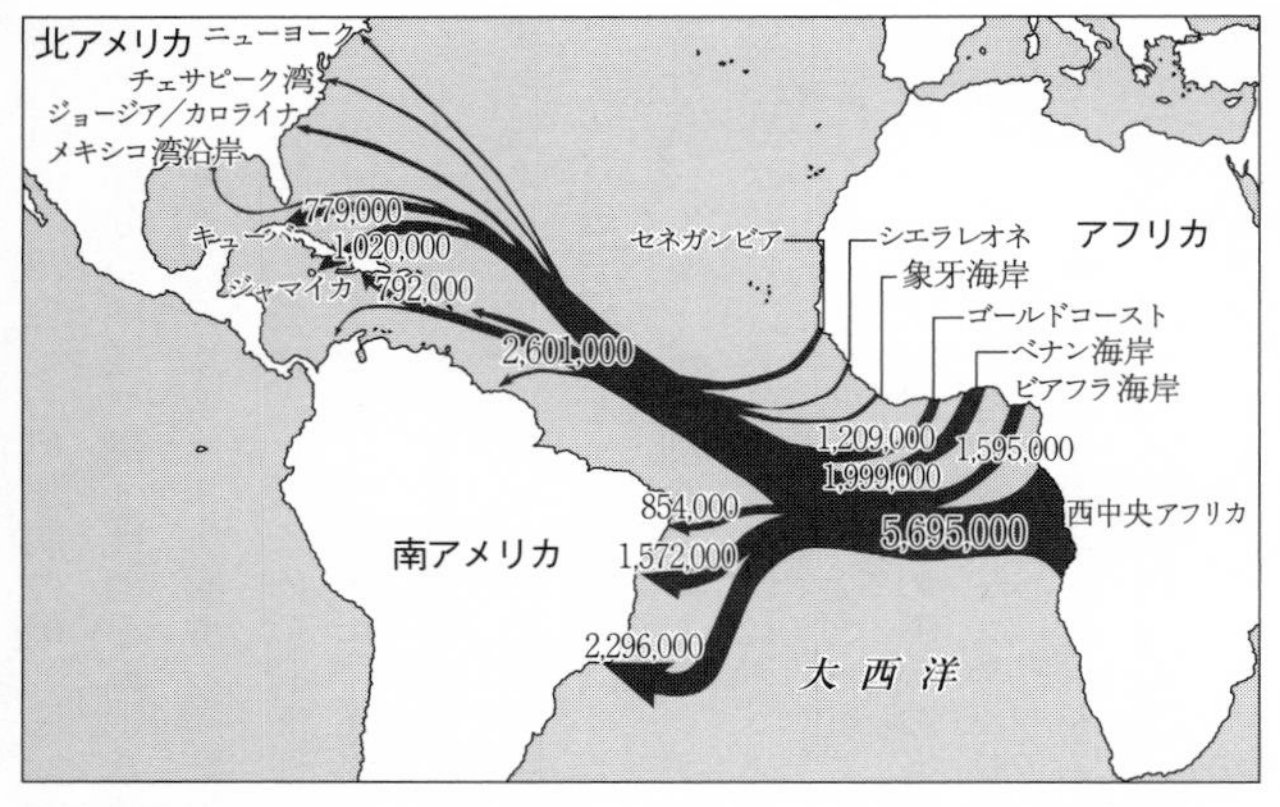

奴隷貿易のおもなルートとおおよその人数（16 世紀〜19 世紀半ば頃）
（Heywood, Linda M. and John K. Thornton, 2007 をもとに作成）

とりわけニューイングランドの人たちが大きな利益を得た。

一七〇〇年から一八〇八年までのあいだ、イギリスとアメリカの商人たちは、アフリカの六つの地域で奴隷を集めるために船を送った。それはセネガンビア（現在のセネガルとガンビア）、シエラレオネ、ゴールドコースト、ベナン、ビアフラと西中央アフリカ（コンゴとアンゴラ）であった。奴隷たちの多くはカリブ海の英国領の島へ運ばれ、その割合は新世界に運ばれた奴隷の七〇パーセント以上を占めた。その約半数はジャマイカに送られ、約一割はジョージアとサウスカロライナ、チェサピーク湾域、そしてニューヨークにも送られた。

†捕獲から奴隷砦まで

大西洋を航海する奴隷船に乗せられた不運な人びとの長旅は、乗船前からすでに始まっていた。初期の奴隷はアフリカの沿岸地域で捕らえられたが、その後、次第に捕獲の手は伸び、海岸から八〇〇キロメートルまで内陸に及ぶこともあった。ときには川を下り、小舟で海岸に連れてこられることもあったが、ほとんどの場合、鎖でつながれて列をなす徒歩での旅路となった。奴隷たちは、棒に固定された鎖や革のひもで四フィート（約一二〇センチ）間隔でつながれ、首や肘が縛り付けられ、逃亡は不可能な状況であった。海岸に到着すると、奴隷たちは囲いに閉じ込められた。

ヨーロッパ人たちは奴隷売買による利益の高さを認識しはじめると、取引のための砦を建設した。そこでは、奴隷は高い石垣に囲まれた薄暗い部屋に監禁され、奴隷船の到着まで数週間から数か月閉じ込められていた。そのあいだに、平均五パーセントは病に冒され、精神的なストレスに苦しめられた。

ヨーロッパ人はアフリカの種族の多くが人食い人種であると考えていたが、捕らえられたアフリカ人たちはヨーロッパ人たちに食べられるものと恐れていた。甲板（かんぱん）の上で沸いているヤカンは奴隷を料理するためのものであるとか、殺された奴隷の肉は塩漬けにされて船員に振る舞われるとか、赤ワインは奴隷の血であるとか、あるいは奴隷の皮膚は靴の革として利用されるといったような話が奴隷たちの出身地では噂されていた。

アフリカによる支配域からヨーロッパの支配域への移行は「戻ることのできない扉」という表現で象徴的に語られた。その表現のもとになったのが、アフリカから連れ去られ、沖合で待つ奴隷船に運ぶための小舟に乗せられるまで拘留される部屋の扉である。いったん奴隷がこの扉を通り抜けると、二度と故郷の村へは戻ることができない。奴隷は、未知の世界へと連れていかれる。そのような「戻ることのできない扉」であった。

奴隷貿易の拠点だったガーナのケープ・コースト城やセネガルのゴレ島の「奴隷の家」は、現在のアフリカ系アメリカ人にとって象徴的な訪問地になっている。バラク・オバマ大統領は、二〇〇九年にガーナへの訪問の際、ケープ・コースト城を訪問した。大統領自身はそうではないが、大統領夫人ミシェルは奴隷の子孫であり、特別な訪問となった。アフリカでのルーツ探しは、かつては非常に困難な作業であったが、アメリカのエモリー大学が作成した「大西洋奴隷貿易」(Trans-Atlantic Slave Trade) という奴隷貿易に関するデータベースのおかげで、今では一五一四年から一八六六年のあいだにアメリカ合衆国に送られた四五万人以上のアフリカ人の出港地を知ることができる。このデータベースによると、北アメリカに到着した奴隷のうち、たとえば一六パーセントがナイジェリアから、二四パーセントはコンゴとアンゴラからというようなことがわかる。

アフリカ大陸内での奴隷売買の記録は残されていないため、実際に何人のアフリカ人が奴隷にされ、また、何人がヨーロッパ人に売られ、何人が沿岸地域に搬送されるまでに命を落としたのかを知る術はない。大西洋奴隷売買における死亡率は、控えめに見積もっても一五パーセント程度であると推測される。そして、「中間航路の陸上部分」と呼ばれた、捕らえられてから奴隷船に乗るまでのあいだの死者は一八〇万人にも及ぶのではないかといわれている（「中間航路」〔The Middle Passage〕とはヨーロッパ、アフリカ、新世界の三角貿易のうちアフリカから新世界への奴隷を輸送する部分をさす）。

奴隷商人とプランテーション経営者にとって、奴隷の男女の割合は二人の男性に対して一人の女性というのが理想であったが、必ずしも望み通りの割合で獲得することはできなかった。プランテーションに女性が少なかったのは、アフリカの奴隷市場に女性が少なかったというのが一番の理由であるが、女性のほうが高値で売られていたためでもある。さらに、プランテーション経営者は、農園で一日中働くことのできる成人の奴隷を好んだ。しかし、未成年の奴隷しかいなければ、それで満足せざるをえなかった。それは、アフリカ人奴隷の市場はヨーロッパ人の奴隷購入者によってではなく、供給元のアフリカ人によって決められていたからである。

†「中間航路」の「船荷」

奴隷船の水夫たちは、船内に奴隷を運び入れると、船荷としてデッキの下に詰め込んだ。船長は、「ゆるめの船荷」(loose pack)か「きつめの船荷」(tight pack)にするかの決定を下す必要があった。もちろん、船の総トン数は決定的な要因ではあったが、奴隷の人数を少なめにするか多めにするかは賭けであった。船長は通常の給与に加えて健康な奴隷を運ぶことによって、六パーセント程度の上乗せを利益として得ることができた。「ゆるめの船荷」で行く場合は、その多くが生存してくれることを願い、「きつめの船荷」で行く場合は少々生存者が減っても全体数で多くを見積もることができた。

「きつめの船荷」のイメージを具体的に表したのが、イギリスの造船会社が所有していた「ブルックス号」を描いた絵図である。その図には、船のデッキのまわりに計四八二人の奴隷が描かれていた。一七八八年から始まった奴隷貿易廃止運動のパンフレットの上部に掲載されたこのショッキングな絵は、奴隷売買の残虐性を一般大衆に認識させるのに大きな影響を与えた。このパンフレットは、その後も何度も作成・印刷されて大西洋地域全般に配布された。

女性と子ども、男性はそれぞれ船内の別の場所に分けておしこめられた。船内の唯一の換気は、閉じ込められた船室への入口をおおっている大きな木の格子(こうし)の隙間だけであった。男たちは手首と足首を鎖につながれていたが、女と子どもたちは鎖からは解放されていた。男は二人一組で鎖につながれていたので、どちらかが便意をもよおしたら、相棒に付き合わなければならなかった。夜は、男たちは長い環付きボルトの鎖に縛られ頑丈につながれていた。

商人たちが十分な数の奴隷を集めるまで、あるいは船の到着を待つあいだ、奴隷たちは砦か、ときには船出を待つ奴隷船の中で、ひどいときには六か月も待たされていた。航海は六週間から一〇週間かかっていたが、奴隷船の船長が大西洋の海流と風について熟知してくると、自然、その期間も短縮された。航海中、奴隷の体力が衰えないように、奴隷たちは毎日二回グループごとにデッキに上げられ、運動のために踊ることが強要された。「商品」である奴隷は健康であることが重要だったのだ。

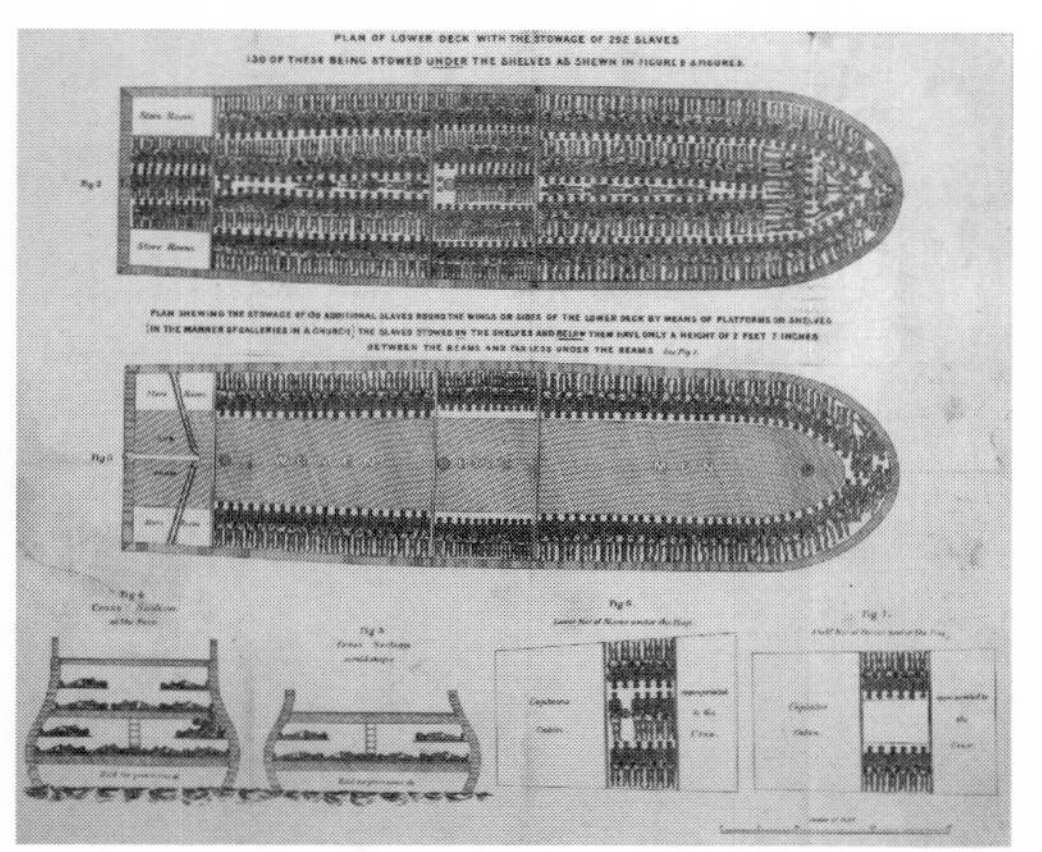

奴隷をいかに多く積み込むかを描いた奴隷船ブルックス号の「積荷」図（部分）（アメリカ議会図書館蔵）

奴隷にされた女性は、めったに鎖につながれることはなかったが、船員の性欲を満たすために相手をさせられた。船長の意向でそのような関係は取り締まられる場合もあれば、逆に船員の特権ででもあるかのように自由に実行され、場合によっては船長自身が関わることもあった。また、水や食料を得るために自らの体を差し出す奴隷女性もいた。

†奴隷船での抵抗

ここ数十年間の定説では、さまざまな部族から連れてこられた奴隷たちは、奴隷船の中で共通言語を持たず、鎖につながれて同族とのコミュニケーションが遮断され、したがって、反乱を組織することが阻害されていたということになっていた。しかし、近年の研究では、この定説を覆す説がむしろ一般的になりつつある。

まず、西アフリカ地域出身の奴隷たちは、お互いに多言語使用による相互理解が可能であったとされている。つまり、アフリカにいるときから、多くの奴隷たちは多言語話者であったということである。その基盤があったうえで、航海上での共通語として、アフリカの言語（たとえばマンディンゴ語やイボ語）に基づくものや、ポルトガル語あるいは英語を基盤言語とするピジン語（混合語）が作られ、話されていたと推測されている。水夫との意思疎通を図るためにも、まさに生きるために、船上で必死に英語やポルトガル語を学んでいったことが想像される。

また、同じ運命を背負った奴隷仲間たちとの連帯感も芽生（めば）えていた。やや大げさな言い方をすれば、「同船仲間」「兄弟」「姉妹」である奴隷たちは、奴隷船上で共同体意識を持ち「汎（はん）アフリカ」文化を創造していったのである。ほとんど強制的に甲板で行われたダンスも、奴隷たちの連帯感を深めた。部族を超えたアフリカの文化が船上で生まれ、歌い踊られ、船員にはわからない秘密のコードを含んだコミュニケーション手段としても発達していった。このコード化された言語は、後にアメリカ大陸でブルースやジャズ、そして現代のヒップホップに受け継がれていく。

次に近年の研究成果では、奴隷たちは奴隷船の中で縛り付けられたまま言いなりになっていたわけではないという点が強調されている。実はさまざまなかたちで抵抗運動を実行に移していたとされているのである。運動のためにデッキに上げられたときに、隙を見ては海に身を投げて自殺を図る者が後を絶たなかった。そのために、大切な「商品」が失われないように自殺防止のフェンスを設置することもあった。デッキでは首つり自殺をしたり、鋭利な物や自分の指の爪で喉を切ったりして自殺する奴隷もいた。さらには、絶食することによって自らの命を絶とうとした者もいた。餓死を防ぐために、船員は細長い器材を使って無理矢理に口をこじ開けて、粥(かゆ)を胃袋に流し込むといったことまでせねばならなかった。

また、自殺といった個人的な抵抗だけではなかった。比較的自由の身であった女性や子どもが船具をこっそりと持ち出して反乱のための武器として使用した。組織的な反乱を起こすためには、綿密な計画と実行力が求められる。実行するほうも必死であるが、反乱を未然に防ぐことに始終気を遣わねばならなかった船員たちは、夜を徹して見張っていなければならなかった。記録に残っている範囲では、少なくとも三一三隻の船上で反乱が起こっている。反乱が発覚したり、鎮圧されたりした場合の首謀者たちへの処罰には、鉄の首かせをはめてマストに鎖でつなぐというものがあった。ほかの罰としては、手かせ、焼きごてとつまみネジ（奴隷の親指が挿入されて、ゆっくり押しつぶされる中世の拷問の器具）などがあった。

奴隷たちは、六〜八週間の航海中、さまざまなかたちで生涯をとじることになった。たとえば自殺等で海に身を投げ、船を追いかけてくるサメの餌食になった奴隷もいた。サメは、人糞、ゴミ、そして時折出される人体にありつくために奴隷船の後を追っていたのだ。

しかし、奴隷に限らず、船員や船長にとっての最大の敵は病気であった。赤痢、マラリア、黄熱病、壊血病、脱水症、皮膚病等々が相手を選ばず襲いかかった。アフリカから奴隷としてどれほどの人びとが新大陸に連れてこられたのかについては諸説あるが、一五〇〇〜一八六六年までに大西洋を横断して「出荷」された奴隷の人数は、エモリー大学のデータベースによると約一二五〇万人で、一五九〇〜一八六七年のあいだに、そのうち一二パーセント強が航海中に命を落としたとされている。

†オラウダー・エクイアノ

今ではナイジェリアにあたる土地で生を受けたオラウダー・エクイアノ（当時はグスタブス・バッサで知られていた）は、奴隷自身の立場から奴隷貿易についてまとめた最初の人物として知られている。

『アフリカ人のオラウダー・エクイアノ、またの名をグスタブス・バッサが語った興味深い物語』（*The Interesting Narrative of the Life of Olaudah Equiano, or Gustavus Vassa, the African*）は、一七八九年にロンドンで出版された。この本における中間航路の体験の凄まじさは、彼の描写力によるところが大きい。彼が本当にアフリカで生まれたかについては、実は異論があり、サウスカロライナで生まれたと主張する研究者もいる。しかし、いずれにしても奴隷船と大西洋航海の物語は真に迫ったものであり、信憑性があるといってよかろう。

オラウダー・エクイアノの本
（アメリカ議会図書館蔵）

内陸の村に住んでいたエクイアノは、ある夜、二人の男と一人の女の誘拐犯に、妹（もしくは姉）とともに拉致され、遠い村まで連れ去られたという。そこから数回、仲介業者に売り渡され、およそ半年かかって大西洋の海岸にまで連れられてたどり着いた。奴隷船についての語りは、虐待、退廃と死で埋め尽くされている。鉄の鎖が首、手首、足首の皮膚を容赦なくこすりつけ痛めつける様子、デッキの下の船室に充満する疫病による悪臭、デッキから飛び降り自殺を図った三人の知り合い。うち二人は目的を達成し、残り一人は運悪く失敗して引き戻され、鞭打ちの刑にあったことなどが描かれている。

エクイアノ自身は、奴隷としてはきわめて例外的な人生を歩んでいく。航海で使う象限儀（天体観測機器）に大変興味を持った彼は、やがて水夫から学んだ観測技術を磨くことによって、奴隷の身から水夫へ転身することに成功した。当時、二四歳であったという。

†奴隷市場

奴隷船での過酷な日々に耐えて生存した者たちは、目的地に着くと、さっそく「囲い」（ペン）に連れていかれた。それはまるで家畜を囲うようなものであった。そこで奴隷たちは体をきれいに洗われ、オイルを肌に塗られ、白髪があれば引き抜かれ、魅力ある「商品」として整えられた。アメリカの植民地に連れてこられた奴隷のうち、およそ半分は大西洋南東岸のチャールストンを港として「陸揚げ」された。後には、ニューオーリンズが、チャールストンに代わるおもな奴隷市場として発展していった。

奴隷市場では、チラシが配付された。そこには、船の到着と奴隷の男女の別、子どもの人数、出身地が記されていた。出身地を知ることによって、作物別の労働者としての熟練度を期待することができた。たとえば、チャールストンでは米が主要作物であったので、稲作に長けているとされていたセネガンビア人が好まれた。アンゴラ人は、当時特産物であったタバコに慣れていた。

競売日には、奴隷は順に囲いから連れてこられ、買い手は奴隷の体をチェックした。馬の健康状態を調べるかのように、歯の検査のために奴隷の口を開け、髪にシラミがいないかも調べた。また、子どもを産ませ、奴隷数を増やす目的で女性も買われた。奴隷の家族構成は一切考慮されず、目的に最も適した奴隷が買われ、農園主のもとへタバコ、米、砂糖、後に綿栽培の労働力として連れて行かれた。奴隷たちは、同船仲間に別れを告げることもなく、奴隷市場を後にしてアメリカの奴隷となった。

†初期の奴隷としての生活

北アメリカにおける英国植民地時代の一六〇七年から一六七六年あたりまで、とくにチェサピーク湾地域では、大半の労働者はヨーロッパからやってきた年季奉公人であった。彼らは五〜七年の限られた期間、若干の法的権利を享受し、新しい人生を夢見た。土地と農具の提供も保証された。

しかし、「年季奉公人」としての契約は、ヨーロッパの経済状況に大いに影響を受けた。ヨーロッパの景気が悪いとき、貧しいヨーロッパ人は北アメリカを目指し生計を立てることに意欲を燃やした。しかし、ヨーロッパの経済状況が安定すると、北米への移住はあまり魅力的な選択肢ではなくなった。その結果、北アメリカの地主たちは労働者の供給をヨーロッパではなく、アフリカに求めることになった。

先にも触れたアフリカからの奴隷の第一世代では、奴隷が「相続できる」ものであったか、また奴隷が生涯にわたって奴隷のままであったかについては、未だ議論が絶えない。ヨーロッパ人は、アフリカ人に対して否定的な思いが根深いため、アフリカ人をヨーロッパ人労働者とは異なるもの、つまり、奴隷として扱うことを是としたというのが一般的な説ではあった。

しかし、最近の研究では、この点についても疑念がはさまれている。ヨーロッパ人は、アフリカ人のことを「必ずしも生まれながらにして奴隷に適しているわけではない」と思っていたむきがあるのだ。アフリカ人という「人種」を基準に奴隷としての適正を判断するようになったのは、もう少し後の時代で、生涯の相続できる奴隷としての奴隷制度の確立は、プランテーション制度が整って安定期に入ってからのことではないかというのだ。

アメリカ南部におけるアフリカ人奴隷の第一世代は、二つのパターンに分かれる。一つは、小さな農園で奴隷所有者と一緒に働く場合であり、もう一つは大きなプランテーションで何人もの奴隷たちとともに働く場合である。前者のパターンの場合、奴隷は農園主とともに生活することにより、早く生活に慣れ、異なる環境にも同化する傾向があった。しかし、最近の研究では、これら初期の奴隷の多くが、ヨーロッパ人の奴隷所有者たちと同じ地区に住み、人数はそれぞれ一〇～一五人と少なかったものの、大西洋クレオールのアイデンティティをしっかりと維持していた人がいたことが明らかになっている。わずかな人数でも同じ言語や文化を共有する人間が近くに住むことにより、コミュニティが形成され、文化的、言語的特色は継承されていったのだ。

第二のパターンの場合、より大きな規模の農園であるため、奴隷は別々の地区に住んでいることが多く、通常、農園主の居住区から少し離れたところに住まいがあった。このパターンは最初、一六七〇年代にバージニア植民地に現れはじめ、奴隷は同地の全人口のおよそ三パーセントを形成した。ヨーロッパ系アメリカ人とは分離されたところで、彼らは「新アフリカ」の文化を形作った。このことは、考古学、言語学、民俗学の分野でも多くの研究者の関心事となっている。

なお、北アメリカのなかで、ニューイングランドの奴隷比率は最も低かった。わずか一・八パーセント程度で、多くは小規模農園で農園主と生活をともにしたが、彼らもまた小さいなりにコミュニティを形成し、大西洋クレオールの文化的伝統を継承していった。いささか意外ではあるが、一六三八年に、全人口に占めるアフリカ人奴隷の高い比率を示していたのはニューアムステルダム（後のニューヨーク）で、アフリカ人が全人口の三〇パーセントを占めていた。

第2章

奴隷としての生活

†奴隷の始まり

前章で述べたとおり、奴隷は、はじめは比較的小さな集団で北米に連れてこられた。大規模な奴隷売買は後の時代になってからのことである。奴隷は、年季奉公人、奴隷所有者やその家族とともに働き、初期には、奴隷と所有者とは身近な関係にあった。また、アフリカからやってきたのは奴隷だけではなく、行動に制限を受けない自由民もいたし、奴隷が奴隷を所有していることもあった（一方、ヨーロッパから渡ってきた移民の多くは、奴隷を持たず、家族単位で小規模な農業に従事した）。

しかし、状況は一七世紀後半に変わった。東海岸チェサピーク湾地域で最も初期にプランテーションを所有していた白人農園主たちは、一六七六年にナサニエル・ベーコンが率いた小規模土地所有者、年季奉公人、奴隷たちによる反乱が起きると、鎮圧するために団結した。このことをきっかけに大農園主たちは、アフリカからの奴隷に支配的な態度をとるようになり、奴隷としての身分を相続的なものにした。いったん奴隷としての身分が決まれば、その子も、さらにその子どもも奴隷として引き継がれていくことになってしまったのだ。

また、アフリカ人奴隷は永遠に自分の土地を持つこともできなくなった。奴隷の扱いについては、基本的に農園主の判断に委ねられ、重労働を強いて体調を崩し、結果的に労働力が減少することになったとしても、奴隷たちには怠惰や傲慢という理由で容赦なく罰が与えられた。

†綿花王を生んだコットン・ジン

一七八七年の北西部条例により、北部の州では奴隷制は廃止され、南部でも衰退の傾向にあった。バージニアとケンタッキーのタバコ栽培、サウスカロライナとジョージアの米作、ルイジアナの砂糖など、いずれのプランテーションにおいても奴隷は求められたが、大人数は必要なかった。しかし、一七九三年にイーライ・ホイットニーが綿繰り機(わたくりき)(コットン・ジン)を発明してから様相は急変した。この発明は単に衰退気味の南部経済を活気づけただけでなく、歴史の流れを変えたともいわれている。

イェール大学を卒業したホイットニーは家庭教師の職を求めて南部に行った。ジョージア州サバンナにあるナサニエル・グリーン将軍の未亡人の家に招かれたとき、彼は綿花から種を取りのぞくときにかかる手間をどうにかできないかと相談を受けた。それから一〇日も経たないうちに、ホイットニーは綿繰り機の試作機を作り上げた。クランク(ハンドル)を回すだけで奴隷五〇人を要する仕事が一挙にできあがってしまう。機械を水車に接続すれば、数百人の労働力に相当する処理が可能になった。

コットン・ジンの発明によって恩恵を受けた地域は、アラバマとミシシッピだった。ミシシ

コットン・ジンで綿花の種をとる奴隷たち（アメリカ議会図書館蔵）

ッピのナッチェスでは、霜の降りない日が平均して二一〇日しかなかった。繊維の長い綿花を栽培するには、霜の降りない日が平均して三〇〇日必要で、それでは日数が足りなかった。一方、繊維の短い綿花に必要な日数は二〇〇日だったので、ナッチェスでもなんとか栽培の可能性があった。

しかし、収穫できる日数は非常に限られている。綿花を摘むのは大変骨の折れる作業であったので、これを短期間で達成するには非常に多くの奴隷が必要となった。それがコットン・ジンの発明によって効率よく、早く綿花を原綿にすることができるようになり、労力を収穫にまわすことができるようになった。これにより繊維の短い綿花が、はじめて利益のあがる作物となったのだ。

綿の生産は急増し、南部農業の主要作物になった。南部から北部へ売られた綿はヨーロッパへと大量に輸出された。「アッパー・サウス地域」（バージニア、ノースカロライナ、テネシー、アーカンソー）での奴隷の減少、奴隷制度そのものの減退傾向の一方で、「ローワー・サウス地域」（ルイジアナ、ミシシッピ、アラバマ、ジョージア、サウスカロライナ、フロリダ、テキサス）での綿花収穫の拡大にあわせた奴隷の需要は急激に高まった。そのため、自発的に奴隷を解放し自由を与えようと考えていたプランテーションの農園主は、その考えを捨てることになった。自然、奴隷の価格は急騰した。アッパー・サウス地域でタバコ栽培に労働力として従事していた奴隷たちのうち、約七〇万人が綿花栽培の「ディープ・サウス」（深南部）に大量移住したといわれている。

†プランテーションでの生活

南部のプランテーションは、小さな「帝国」であった。大農場、仕事小屋、貯蔵部屋、納屋、厩舎（きゅうしゃ）などの施設に加えて、「ビッグ・ハウス」といわれた農園主の大邸宅、そして、奴隷たちの小屋がいくつもまわりに軒を連ねていた。まさに一国の領土のようなもので、農園主は英国の紳士階級に相当した。「ジェントルマン」に仕える年季奉公人や奴隷たちは、身分相応の振る舞いと敬意をしめさねばならず、少しでも反抗的な態度が見受けられたら即刻罰せられた。

プランテーションが大規模化するにつれ、農園主とその家族は、やがて仕事場からは身を引き、余暇に時間を費やすようになり、ヨーロッパから移民としてやってきた年季奉公人の一部が、現場監督の役割を担うことになっていった。

大多数の南部プランテーションでは、奴隷を何人かのチームに分け、休むことなく機械的に労働させる「ギャング（組織化された労働者グループ）・システム」が導入されていた。北部の工場労働でもそうであったように、雇用者側としては、安定的な生産を何よりも重視した。プランテーションでは、日の出から日暮れまで適度に、しかし、着実に働かせつづけることによって生産性を維持するようにつとめたのである。一八三〇年代のサウスカロライナのある白人のプランテーション農園主は、不断の監視下におかれた「ギャング・システム」では、黒人奴隷はよく働き、必要以上にストレスを感じさせることもなかったと述べている。平日の仕事始めと終わりは、ベルまたは角笛で合図され、日の出から日没まで、適当な休憩と昼食をはさんで一日は過ぎていった。

しかし、奴隷は、もう一つの労働システムのほうを望んだ。「タスク・システム」と呼ばれるシステムでは、奴隷の年齢や能力に応じて一日の課題（タスク）が与えられ、課題を終えることができれば、あとは自由時間になるという方式である。タスク・システムにも終日型、半日型、四分の一日型とあったが、奴隷たちはいずれの場合も、早くに課題をこなしてしまわないように気をつけていた。さもないと、次にはより多くのタスクが与えられるからである。

南部でも、いくつかのプランテーションでは、このタスク・システムを採用していた。タス

綿花のプランテーションの様子（ジョージア州サバンナ、1867 年）
（アメリカ議会図書館蔵）

クを与えたほうが奴隷がやる気を出すという理由からかと推測されるが、一般的には、少なくとも一九世紀初頭の深南部においては、多くの農園主たちはこの作業方法を好まなかった。どのような作物のプランテーションでも、より多くの労働量が確保されることが肝心であったからである。

タスク・システムでは、奴隷たちは割り当てられた仕事が完了すると、自分のために時間を使った。女性は家事、石鹸やロウソク作り、洗濯などをして時を過ごした。男性は庭掃除や薪（たきぎ）集め、狩りや魚釣りをして食卓を潤した。プランテーションによっては、この余暇の時間を使って農園主のために薪集め、家禽（かきん）や豚の世話をすれば、余分に支払いを受けることもできた。

タバコ、トウモロコシ、藍、米、綿などのプランテーションでは男性も女性も、そして子どもたちもいっしょに農地で働き、男性奴隷の中には「奴隷監督」に指名される者がいた。奴隷が奴隷を監督することで秩序を保たせ、場合によっては鞭打ちをさせて規律を維持した。奴隷自身による鞭打ちは、怒りの対象が農園主ではなく、同じ奴隷に向けられるように巧妙に仕組まれた方略だった。奴隷監督の上には、さらに現場監督がおり、そのほぼすべてが白人であった。

奴隷監督には、役割を全うすることによって、いくつかの報酬が与えられた。たとえば、大きな小屋をあてがわれ、床も土間ではなく材木でフローリングされ、よりよい衣服や農園主の台所の残り物のお相伴（しょうばん）にあずかることもあった。農園主に気に入られたら、さまざまな特権を享受することができたが、やりすぎは危険であった。仲間の奴隷の不利益が監督としての報酬につながるようなことになれば、それは間違いなく奴隷たちから村八分の扱いを受けることになる。ときには身の危険を感じることもあるだろう。逆に、奴隷仲間に同情的な奴隷監督は、奴隷を鞭打ちするときも、ひどく打ったふりをして軽く打ち、助けることもあった。その場合は、刑を受ける側も大声を出して演技することを忘れなかった。この共同偽装作業は「プッティン・オン・オル・マッサ」(puttin' on ol' massa：農園主の前では、ふりをして本当の感情を隠すという意味）という表現で奴隷たちには知られていた。

黒人奴隷の大半はプランテーションの農園で、炎天下、労働に従事したが、手に職を持っていれば、大工、煉瓦（れんが）工、靴屋、桶（おけ）屋、鍛冶（かじ）屋などを生業（なりわい）として生活する者もいた。また、奴隷女性は家事手伝いとして農園主の大邸宅の中で働く者が少なくなかった。農園主の子どもたちの子守、調理人、メイド、洗濯婦などとして働いた。農地での労働に比べれば遥かに楽であったが、これはこれで大変なところもあった。なぜなら、家事使用人として彼女たちは二四時間、農園主とその家族の恒常的な監視下にあったからである。プライバシーはほとんどなく、農園主や奥さんが、いつなんどき何をいいつけてくるか、昼夜の別なく待機していなければならなかったからだ。

しかし、よい農園主につけば、たとえば家族旅行で外に出かけるときに連れ立って外出したり、家族の一員として重宝されたりもした。ただし、若い奴隷女性の場合は、農園主に襲われないよう注意が必要だった。とはいえ、奴隷にされた女性の立場は弱いので、強姦されたとしてもどこに訴えるわけにもいかず、泣き寝入りをするしかなかった。男でも女でも、農園主の欲求を満たす邪魔をすれば、罰を受けるか、ほかのプランテーションに売りに出されてしまった。

†奴隷たちの娯楽

奴隷たちにも娯楽はあったが、自由に楽しめるわけではなかった。奴隷所有者としての農園主たちは、娯楽さえも支配の一環としてとらえていた。具体的には農園主の「親切」に対する感謝と敬意、服従を示すための行事として、土曜日の夜にパーティーが開かれたのが娯楽だった。

しかし、奴隷たちは農園主から一方的に提供される「娯楽」に満足しているわけではなかった。農園主や見張り役の目のいき届かないところで、奴隷は奴隷なりのエンターテインメントを楽しんでいた。ある奴隷女性の語りでは、次のようなことが明らかになっている。奴隷たちは、折を見て監視の目の届かない森の奥深くに入り、ダンスと音楽を楽しんだ。楽器はフィドル、タンバリン、バンジョーと牛の骨（打楽器として）だった。そのほかに自分たちで作った楽器もあった。たとえば、竹のような植物の茎を束ねて、自家製のハーモニカとしたり、束ねずに横笛として利用したりした。これは、後にミシシッピ丘陵地帯のドラム・バンドの楽器の一つとして発展していった。そのほかにも葦と手挽き鋸をメロディを演奏するための楽器としたり、スプーン、バケツ、平鍋を打楽器に代えたりして楽しんだ。これに参加するときに女性たちは、農園主の妻からくすねてきたリボンやレースで、精一杯のおしゃれを楽しんだ。

農園主や見張りに気づかれないようにこの娯楽を楽しむためには、それなりの周到な準備が必要だった。まず、見つからないような安全な場所の確保、次に料理の運送手段、そして、いかにしてアルコールを手に入れるかが重要だった。アルコールは、家政婦として「ビッグ・ハウス」で働いていた女性がこっそりと盗んでくるか、彼女たちが自ら醸造することもあった。

一年を通して行われる娯楽行事の中で、クリスマスは最大のイベントで、仕事を三、四日休むことができた。質素なものではあったが、普段より分量があるご馳走が出され、またクリスマスのプレゼントとして砂糖、糖蜜、小麦粉が通常より余分に支給され、タバコ、リボン、ジンジャー・ケーキなども振る舞われた。さらに例外的に飲酒も許され、ウィスキーが出された。

夏の行事では、七月四日の独立記念日が大きな行事だった。アメリカが独立と自由を勝ち取ったことを祝うこの日は、アフリカから強制的に連れてこられた奴隷たちにとっては、特別祝う理由はなかったが、休日であることは大いに歓迎すべきことだったので、理由は問わず楽しんだ。

アフリカ人奴隷が作り出したとされる「ケーク・ウォーク」（ステップダンスの一種）の起源については諸説あるが、おそらく奴隷たちが白人のヨーロッパ起源のダンスを見よう見まねで踊りながらも、それをパロディ化することによって作り出したものと推測される。

クリスマスイブの様子を伝える新聞（1857年）（アメリカ議会図書館蔵）

「ケーク・ウォーク」は、奴隷の踊りを見た農園主が賞（ケーキなど）を与えたことから、「プライズ・ウォーク」とも呼ばれている。また、この踊りはのちに顔を黒塗りにした白人の芸人たちが、黒人のダンスや歌などの物まねをする「ミンストレル・ショー」でも取り入れられ、全米で人気を博すようにもなったのでよく知られている。しかし、あまり知られていないのは、この踊りに対する白人農園主とアフリカ人奴隷のとらえ方の違いである。白人から見れば、ケーク・ウォークは、やたらと誇張されてグロテスクで滑稽に思えた。黒人からすると、踊りは抑圧的な白人の奴隷所有者に対する風刺であり隠された抵抗の表れで、喜怒哀楽の肉体的表現であった。白人農園主はこの違いをまったく理解していなかった。

†民話に隠されたメッセージ

白人ジャーナリスト、ジョーエル・チャンドラー・ハリスが一八八〇年に黒人民話を発表しはじめたとき、その物語にはジョージア州のプランテーションで用いられる黒人方言が使われていた。物語は、黒人の老人「アンクル・リーマス」によって語られるかたちで展開していく。黒人の話し方は、ハリスが若い頃に耳にした発音と方言にできるだけ忠実なかたちで再現され、物語に登場する人や動物もそのまま民話に出てきているものを反映させている。物語としても面白いが、いくつかの民話は、白人が権力を掌握し、一方、黒人はまったく無力な世界で生きていくうえで、子どもたちに生きる術を教える教訓的な意味合いを持っていた。

よく知られた話に「ブレア・ラビット」がある。登場するのはブレア（ブラザーの南部なまり）・ラビット、オオカミ、そしてタールでできたネバネバ赤ちゃんのタール・ベイビー。常日頃ブレア・ラビットに手を焼いているオオカミは、なんとか仕留めてやろうと策を講じる。そこで思いついたのが、ネバネバのタールの赤ん坊を作り、無反応な赤ちゃんに手を出したブレア・ラビットがタールに手足をとられているうちに焼き殺してしまおうというものだった。

オオカミは、タール・ベイビーに目鼻を付けて帽子をかぶらせ、道ばたのよく目立つ丸太に座らせた。案の定、ブレア・ラビットは、「やあ、元気かい」と何度声をかけても反応のない赤ん坊が気になり、次第に腹を立て、最後にはタール・ベイビーを殴りつける。術中にはまったブレア・ラビットは、タールに手足をとられてしまう。窮地に陥ったブレア・ラビットにオオカミは近づき、始末にかかる。焼き殺すというオオカミに、ブレア・ラビットは恐怖心を抑え、「暖かくなっていいや」とうそぶく。それよりも、「どうか、お願いだから、あの近くのトゲだらけの野バラの茂みにだけは投げ捨てないで」とオオカミに懇願する。オオカミは、まんまとブレア・ラビットの戦略にはまり、ラビットの「望み」どおり、より厳しい罰を与えてやることに計画を変更する。しかし、ラビットは、茂みに入ればタールを取り去り、自由に身動きがとれるとわかっていたし、何よりも野バラの茂みは慣れた場所だった。希望どおり茂みに投げ捨てられたブレア・ラビットは、無傷で逃げおおせたのである。

この民話は、もちろん単なる動物の物語ではない。奴隷の身分にある黒人にとっては、二つの意味を持っていた。一つは、権力を持ったオオカミ（白人）を負かすためにはラビット（黒人）は知恵を働かせて対処するしかないということ。もう一つは、ブレア・ラビットがタール・ベイビーに手を出したばかりに痛い目にあったという教訓である。白人と黒人の関係性に置き換えていえば、白人が仕掛けてきた罠に、まんまとかかってしまうような軽率な行為は慎めと諭（さと）しているのだ。

このように物語の内容に、表と裏の二重の意味を含ませる技法は、伝統的なニグロ・スピリチュアル（黒人霊歌）や現代のヒップ・ホップにも受け継がれている。たとえば、黒人が「ヨルダン川を渡る」と歌ったとき、パレスチナの祖国に帰郷するイスラエル人のことが表向きの意味とすると、裏には、奴隷が自由の身になるという意味がある。黒人にとって、ヨルダン川は、奴隷州と自由州との境を流れるオハイオ川なのである。

†農地外での生活

北アメリカのニューイングランド植民地では、奴隷を実際に所有するよりも、奴隷売買によって利益を得ていたが、だからといって奴隷がいなかったわけではない。なかでもロードアイランドは、人口の一〇パーセントを占めるほどアフリカ出身者が住んでいた。彼らは小さな農場の奴隷として、または、一般の労働者として、あるいは白人家庭の召使いとして働いていた。ロングアイランドとハドソンリバーバレーでは、奴隷は大規模タバコ農園で労働に従事していた。北部の農園労働が南部と異なるのは、奴隷はプランテーションで「ギャング」（一団、暴力団という意味ではない）としては働かず、所有者とともに混作のさまざまな作業に関わっていたことだ。

北部では、奴隷たちも地元の言葉や習慣を学んで社会に溶け込むのが早かったが、そういった利点がある一方で、アフリカ人としての文化的な遺産は忘れ去られていく傾向にあった。女性たちは都会で、ウェイトレス、洗濯婦、助産婦、工場労働者などとして働いた。男性の奴隷は農業のほかにも、より技術を要する仕事、たとえば鍛冶屋、桶屋、塗装工、車大工、靴屋、鉱夫などの職についていた。住まいは、奴隷所有者の敷地内に住むこともあれば、都会にある所有者の家の裏の路地、あるいは川縁の粗末な家のこともあった。

都会に住んでいた奴隷の中には「貸し出」され、料理人や炭鉱、製造工場、織物工場、煉瓦工場の労働者として雇われる者もいた。プランテーションの奴隷が経験することのできなかった賃金労働者として収入を得ることができ、得た収入で欲しい商品を購入することができた。奴隷としての生活も経験した後、奴隷制廃止を唱え政治家となったフレデリック・ダグラスは、都市部の奴隷は、ほとんど自由民と同じような状況にあったと回顧している。賃金を得て物を買うこと以外に、都市で得る情報も貴重で、奴隷制廃止論者の運動に関する情報もその一つだった。

都市部の奴隷でも「貸し出」されない職場もあった。その一つが、印刷所だった。たとえば、一八三〇年、ミシシッピ州では、黒人の反乱につながる可能性のあるどのような出版物も禁止する条例が議会を通過した。また、黒人の水夫も危険視されていた。港を行き来するなかで、白人支配の秩序を乱す扇情的な動きをされては困るというわけである。ジョージア州では、港に停泊しても黒人水夫は陸にあげてはならないという規制条例をしいていた。いかに当時、白人中心の秩序が乱されることに神経をとがらしていたかがわかる。

†自由な黒人

すでに紹介してきたように、アフリカから北米に渡ってきた人びとすべてが奴隷というわけではなかった。おもに都市部に居住していた自由民としての黒人は、農業以外のさまざまな分野で働き、小さなコミュニティを形成していた。そこでは、自分たちの教会や互助組合が組織され、市民権こそ与えられていなかったが、地域社会ではそれなりの存在感があった。そのような自由黒人がどの程度いたかというと、南北戦争時で、黒人人口の約一割程度と推測されている。

とくに南部では、白人は自由黒人による抵抗によって社会が不安定になることを恐れ、バージニア州でおきた一八三一年の「ナット・ターナーの反乱」を契機に、人種関係はより緊張を帯びてきた。この反乱で白人が次々と殺され、これを受けミシシッピ州では、黒人で、かつ、自由民であることは違法になった。そして、同年通った条例では、黒人自由民はミシシッピ州を去るか、地方裁判所で登録し、労働の許可を得て合法的存在となるかのどちらかであった。

ナット・ターナーの反乱の様子を描いた版画　1は母親が子どもたちを守るため命乞いをしている。2は主人が自分の奴隷に殺されそうになっている。3は妻と子どもを逃がすため、夫が黒人たちに対抗している。4は逃げた黒人を竜騎兵が追っている（アメリカ議会図書館蔵）

サウスカロライナ州チャールストンでは、「貸し出」されるときのために、どのような技術を身につけているのかを示すタグを体に付けておくことが義務づけられた。はじめは、黒人奴隷の大工、整備士、鍛冶屋、桶屋などに限られていたが、一八四八年には黒人自由民も同じくタグを付けるようになった。

自由民だからといって、安心して生活はできなかった。なぜなら、農園主が奴隷を支配しながらも大切な労働力として保護する仕組みがあったのとは違い、自由民を保護してくれる白人はいなかったし、また、警察と法廷がまったくあてにならないなか、突然街角で捕らえられ、南部に奴隷として売られてしまう恐れが常につきまとっていたからである。また、奴隷制度の期間を通して、南北ともに黒人自由民に対しては潜在的に社会不安を引き起こす可能性がある者として、他の地域、多くはアフリカへ移住させるべきであるとの意見が白人社会にあった。北部でも、ヨーロッパからの移民労働者の職場確保の競争相手として、黒人自由民を排除する動きがあった。

†宗教的な信条

アングロサクソン支配の北米におけるアフリカの宗教的な遺産は、ブラジルとカリブ海のカルト的な黒人宗教と比較すると、奴隷制度のもとでかなり失われたといっても過言ではない。その理由として次の二つの点が考えられる。第一点は、北米での奴隷制度下で宗教的側面がかなりの部分剝奪されてしまったということ。第二点は、アフリカ的文化が破壊されたというよりも、アフリカの宗教的な遺産が、アメリカの宗教的特性と融合しながら変化していったという点である。

北米で最も初期の奴隷になった大西洋クレオールの人びとのなかには、キリスト教徒になったか、キリスト教の教えに深く接していた者が少なくなかった。アフリカ人は、キリスト教を完全に自分のものとしては取り入れなかったが、修正改変して土着の宗教に適合させたといえる。そして、このプロセスは南部プランテーションや都市部でも継承されていった。この宗教的な出会いの過程を詳しく見る前に、アフリカ人が「中間航路」を経てアメリカ大陸に持ち込んだ宗教の特徴をおさらいしておこう。

アフリカ人の信じていた信仰の特徴として、次の三点を挙げることができる。第一に、アフリカの宗教における信仰心は、独特な儀式を通してトランス状態になるとき深められていった。具体的には、それにはダンス、ドラム演奏と歌がともなった。儀式の歌とリズムは、神と祖先に信者を導き寄せるものである。アフリカ系アメリカ人の宗教史家ラボトウは、音楽とダンスが西アフリカの宗教的表現においては不可欠の要素である点を「踊る宗教」という言葉で言い表した。礼拝の絶頂で魂にとりつき信者に叫び声をあげさせるのは、北米のキリスト教会ではアフリカの神々ではなく聖霊（Holy Spirit）に姿を変えた。「心の内にこみ上げてくる歓喜があまりに強烈なので、じっとしていられなくなるのです。体の骨の中に燃えている炎、それに触れると誰だって跳び上がらないわけにはいきません」と元奴隷の説教師は語った。

一般的に北米では、ドラムの使用は白人奴隷所有者によって禁止されていた。それは、ドラムを使うことによって遠隔でも意思疎通が図られることを恐れたからである。その影響か、教会でもドラムは使われなかった。ドラムが使えないとリズムはとれない。しかし、楽器がなければ手や足がある。手足でリズムをとり、彼らはドラムに代わるリズムを作り上げた。説教に呼応して歌を歌い、ときに叫び踊った。ヨーロッパ風の教会での礼拝の様子と好対照をなすこれらの賑やかな感情表現は、その特徴ゆえに白人の観察者の目にとまり記述された。

最も多く記述された黒人の宗教的ダンスは、ジョージアとサウスカロライナにまたがって位置するシー・アイランズという島々の「リング・シャウト」である。信者たちが反時計回りに円を描いて回りながら叫び歌い踊る崇拝の形式だ。リーダーはコーラスでほかの信者を導き、それを何度も繰り返す。大事なのはメロディよりもむしろリズムであり、歌はいつまでも続き、徐々に感極まって一種の集団催眠状態に至り、そこで「リング・シャウト」は完結する。

第二の特徴は、ヨーロッパの宗教が幽霊や妖精を信仰の対象とするのに対して、アフリカの宗教的伝統にはハグズ（hags：鬼婆）、ホーンツ（haunts：幽霊）といった悪霊への信仰が根付いていることだ。ハグズは死者の霊というよりも、夜中に人の体から勝手に出てくる魔女の霊で、人びとに乗り移っては悪夢を見させる。ホーンツは死者の霊で、現世に戻っては災いを起こすやっかいな存在である。

第三は、当時のアフリカ人が魔法や魔術を信じていたということである。最も知られているのはブードゥー（Voodoo または Hoodoo）で、魔法使いが死者の霊を呼び戻してアドバイスを与えたり、治療したりする。祖先は、死者の世界と現世との中間に位置し、両者を結びつける役割を担っていると考えられていた。シャーマニズム的な儀式は、病気を治療することにも使われるが、悪意を持って敵を殺すことにも用いられる。ハイチの「ボウドゥーン」(Vodun) は組織化されたカルト宗教として確立され、ニューオーリンズにおいても伝統がある。ブードゥーの女王と呼ばれたマリー・ラボー（Marie Laveau）の名で知られている女性（二名いるとされる）は、魔除けや魔法の聖水を使って未来を予測し現在を操るとされた。

しかし、南部プランテーションにおけるブードゥーは組織化された宗教というものではなく、むしろアフリカ人のための医療面での役割が重要だった。ヨーロッパ系の白人医師による治療は奴隷のあいだではあまり高い評判は受けず、投薬も疑念の目で見られた。その代わりに、奴隷はアフリカ伝来の薬や薬草医を信頼し、実質的に聖職者または呪医こそが医師であった。彼らは薬草の使用に精通しており、奴隷たちの信頼は厚く、奴隷たちは何かがあれば呪医を頼った。

病気は、「ハンド」、「グリ・グリ」(gris-gris)、「モジョ」(mojo) などの名で知られる魔除けによって防げると信じられていた。また「モジョ」については、後世になって、ブルース・ギタリストたちが、恋人を惹きつけたり、楽器演奏の技術を向上させたりするには、「モジョ」の力に頼るということを歌の中で語ってもいる。

そして、奴隷にとって葬式は、人生のクライマックスとして大切に考えられていた。なぜなら、死んではじめて故郷のアフリカに戻ることができるからである。白人の奴隷所有者は、奴隷の葬式は簡単にすませて、早く仕事に戻らせたいと思っていたかもしれないが、こと葬式になると、奴隷たちは簡単に引き下がらなかった。葬式をしっかりとしておかないと、先祖が現世に戻ってきて悪さをするかもしれないと考えたのだ。この考えは、西アフリカの宗教的伝統をそのまま引き継いだものである。

新世界の多くの地域において、アフリカ人奴隷にとって、死はアフリカに回帰することであり、自由の身になることであった。この信念は、単に郷里に対するノスタルジアではなく、輪廻(りんね)思想にも通じる考えである。元奴隷だったチャールズ・ボールは自叙伝の中で、この点を指摘している。彼の仲間の奴隷たちが「異口同音に言っているのは、死後、故郷に戻り郷土の仲間たちと再会する、そして楽しい日々を過ごすことだ」。

†キリスト教と聖書の受容

白人は、異教徒のアフリカ人奴隷にキリスト教を教えることによって魂を救済できるから、奴隷を持ち、キリストの教えを伝えることは正当な行為であると考えた。しかし、北米のすべての入植者が奴隷にキリスト教の教義を教えたいと思ってはいなかった。一つの理由は、教えるのに時間がかかり過ぎるということだった。それには、奴隷所有者の経済的効率性という点もからんでいた。教義を教える時間があれば、少しでも収穫をあげるために働かせたいというのが本音だったのだ。もう一つの理由は、洗礼を受けた奴隷を自由にしなければならないのではないかと恐れたからであった。

アフリカ人奴隷は、土着の宗教を柔軟に変化させながらキリスト教の教えを取り入れていったが、キリスト教に傾倒するきっかけの一つとなったのが、ケンタッキー州のケインリッジ野外伝道集会で一八〇〇年に行われた「第二の大覚醒」といわれる復興運動であった。従来の白人の説教師による教訓的な説教以上に「改宗の経験」を重視する教えは、黒人の心に強く響いた。

奴隷たちは、聖書に書かれていることとの解釈を、自らの経験に近づけて解釈し理解した。ヤコブ、モーセ、ヨシュア、ノアとダニエル、それぞれの解釈は白人の解釈とは異なった。なかでもモーセは、エジプトの暴君ファラオから奴隷を解放した人物として、黒人奴隷には大きな存在だった。「モーセ、遥かなるエジプトの地まで行って、ファラオ王に伝えて欲しい。我が民を解放するように」は、「エイブラハム（＝リンカーン）、遥かなるディキシーランド（＝南部〕の地に行って、ジェファーソン・デービス〔＝南部連合大統領〕に伝えて欲しい。我が民を解放するように」という具合に現実に照らし合わせて解釈されていった。奴隷にとって、ある意味モーセはイエスよりも重要な存在であった。

†結婚と家族

奴隷にとって結婚は神聖な絆であったが、白人の奴隷所有者はとくにそのようには思っていなかった。奴隷たちには、南部全域をとおして、その仲間や説教師の前で結婚のときに行う儀式があった。それは、「ほうきを飛び越える」(jumping the broom)という儀式で、結婚を誓う二人が足下から一フット（約三〇センチ）先の仲間が支えるほうきを飛び越えることによって、永遠の誓いのしるしとするというものである。ほうきを飛び越えることに失敗すると、二人の将来はあやういと信じられていたので、永遠の絆を誓いあった二人は、間違っても足がほうきに引っかかってしまわないように、思い切って大きく飛び越えたと、アラバマに住んでいた元奴隷はチャールズ・ジョイナーの本で述懐している。

白人奴隷所有者にとっても、奴隷の結婚は意味があった。その理由の一つは、結婚すると逃亡する可能性が低くなること。もう一つは、子どもが生まれることによって奴隷の頭数が増えるということである。農園主によっては、自分の農園を越えて他の農園の異性と結ばれることを許可することもあった。「アブロード・マリッジ」(abroad marriage) と呼ばれたその形態の結婚は、農園主が奴隷に土曜日の午後か日曜日の夕刻まで外出許可を出すことによって可能になった。

結婚し家庭を築いても、プランテーションでの生活は堪え忍ばねばならないことが少なくなかった。たとえば、妻が何らかの理由で農園主から罰を与えられ、鞭打ちの刑を処せられても、夫や子どもたちは黙って見ているしかなかった。許しを請うたり弁解でもしようものなら、状況は悪化することを覚悟せねばならなかった。最悪の場合は、家族がそれぞれに異なるプランテーションに売り払われて家族離散の憂き目を見ることになった。この状況を打開するための唯一の方法は、逃亡することくらいしかなかった。

†奴隷の抵抗のかたち

奴隷たちが、奴隷所有者にいわれるままに無抵抗でいたのか、それともさかんに抵抗していたのかについては現在でも議論が絶えない。結論からいってしまえば、その両方であったということになる。その時々の状況に応じて、素直に話を聞いておいたほうがよいと判断した場合は従ったし、逆に、抵抗するほうが得策と判断した場合は抵抗した。いずれにしても、順応と抵抗は交渉のかたちであり、白人奴隷所有者への戦略的対処法であったといえる。

抵抗の仕方には、さまざまな形態があった。一つは無知を装うという方略である。白人の奴隷所有者が、額面どおりに受け取って、黒人は能力がないので仕方がないとあきらめてくれれば成功である。一方で、黒人奴隷は密かに学ぶことも忘れなかった。どうやって学ぶ機会を見つけたかというと、たとえば白人奴隷所有者の子どもから、こっそりと読み書きを学ぶという方法があった。学校への送り迎えの役目を担っていた男性奴隷のなかには、学校への道すがら、また学校からプランテーションの帰りに、子どもが学校で学んできたことを聞いて「課外授業」を受けている者もいた。あるいは、奴隷のことにはまったく関心がない貧しい白人に食べ物を与えて、その代償として知識を伝授してもらうという方法もあった。また、農園主の目が行き届かないところで秘密裏に「地下学校」(underground school) としての「夜学」に通うこともあり、その授業は夜明け前に実施することもあった。

ここで一つ注意を喚起したいのは、白人の子どもがみんな学校に通って識字率を高めていった一方で、黒人奴隷の子どもはまったく学びの機会がなかったという単純な構造ではなかったという点である。同じ白人でも教育を受ける機会を得たのは、いわゆるエリート層の子どもたちであり、学校施設や教師の配属の条件が整わない限り、貧しい白人(プアホワイト)の子どもの多くも学校に通うことはなかった。

第二の抵抗のかたちは「遅滞(ちたい)」である。本来であればさっさと片付くところを意図的にぐずぐずと仕事の終了を延ばす策略だ。とくに現場監督が必要以上のノルマを与えたときなどに、個人または集団で引き延ばしにかかる。あるいは、仮病を使って病を装うのもよくある手だった。そうすることによって数時間または数日休み、無言の抵抗をした。あるいは、わざと仕事道具を壊して、それは不器用さゆえに間違って壊してしまったというふりをする方法もあった。白人の現場監督は当然のことながら小言をいうが、道具が使えない以上、仕事は先に進まない。これもときに有効な抵抗のかたちであった。器材を壊すのではなく、くすねるということもあった。壊れた道具は直せばまた使えるが、なくなってしまうと新しく買いそろえねばならない。見つかれば当然処罰の対象になったが、そのリスクを冒してまで実行する場合もあった。黒人奴隷のあいだでは、重要なモラルとして人の物は盗まないという不文律があった。しかし、仲間の物ではなく、強圧的な白人現場監督や農園主の物であれば、それは許される行為だった。むしろ、危険を冒してまで盗んできた奴隷は、仲間内では英雄扱いだった。

盗みは仕事道具に限らず、「ビック・ハウス」から鶏や豚をくすねてくることもよくあった。食料の窃盗は、かなり頻繁にあったようで、奴隷所有者の日記によく書かれ、半分あきらめの境地で黒人奴隷の不道徳さが強調されている。しかし、盗んだ側からすれば、次の三つの点において意義ある行動であった。第一に、不足気味の栄養源が確保できたこと。第二に、農園主の所有物がわずかながらも減ったこと。第三に、農園主と奴隷との競争において小さな勝利を収めたことだった。

奴隷の最大の抵抗は武器を使って戦うことであるが、それはあまりに代償が大きすぎた。次に可能な破壊的行為としては、納屋に火をつけることであった。納屋には農具があり馬がつながれているし、コットン・ジンの置いてある倉庫に火をつければ多大な損害を与えることができた。放火犯を見つけるのは農園主にとっても楽なことではなかった。

†脱走による抵抗

プランテーションからの脱走は、よくあることだった。農園主の日記や新聞広告記事に逃亡者の逮捕を促すものがよく掲載されていた事実からも、そのことがわかる。脱走には大きく分けて二種類あった。一つは短期逃亡または無断欠勤、もう一つは違法の逃亡。この違いは明確だった。まず、前者について見てみよう。

一時的な無断欠勤は、不当な過重労働に対する抵抗だったり、現場監督や農園主による暴力、ほかのプランテーションに売り払われる恐れ、あるいは恋愛による逃避行などが動機となったりしたが、一般的に脱走期間は短く、一夜だけか、長くても数週間程度のことが多かった。逃げる場所もプランテーションからは遠く離れず、近くの森や沼に隠れ、奴隷仲間から食糧や必需品の供給を受けることができた。逃亡慣れした奴隷のなかには、キャンプをはる者もいて、計画的に必要な物をそろえ、備蓄も十分で毛布や灌木の枝で居住環境を整えた。しかし、逃亡生活が長期化すると奴隷にとっても楽ではない。餓死するわけにはいかないから、最終的に元のプランテーションに戻り、甘んじて罰を受けることになる。罰の種類としては、長期間のパンと水だけによる食糧制限、鞭打ちの刑、独房監禁、極端な場合は、見せしめに首つりの刑に処せられることもあった。

†逃亡奴隷

脱走による抵抗のもう一つの形態が本格的な逃亡である。行き先は大半が北部の非奴隷州かカナダで、時折メキシコも逃亡先になった。北部に向かう場合、その経路はフィラデルフィアを経由してニューヨークやボストンへ、あるいはオハイオを経由してシカゴへというもので、深南部の綿花プランテーション地域からはシカゴへ向かうことが多かった。

逃亡奴隷の直面した危険は尋常ではなかった。奴隷所有者は、とくに猟犬を逃亡者追跡のために飼い訓練した。猟犬の群れににおいをかぎつけられ捕まってしまうと、犬にかみつかれて相当の危害を加えられた。

南部諸州では、州法で厳しく逃亡奴隷を取り締まった。白人の連れがなく単独でプランテーションを離れて歩いている黒人奴隷に対し、通行許可の書類の提示を求める権限がすべての白人住民に与えられた。書類の提示がない場合は、即刻近くの刑務所へ連行された。したがって、逃亡奴隷は昼間に行動することは避けて、夜中に人目を忍んで移動した。

しかし、夜中の移動も安心してはいられなかった。「パトローラー」と呼ばれる、逃亡奴隷を見つけることを目的に監視する白人に見つかる可能性もあるからだ。だが、先に登場したチャールズ・ボールは、首尾よく逃亡に成功し、夜中に巡回者が休んでいる時間帯、真夜中から午前三時までのあいだに移動したと、逃亡時の状況を後に語っている。

逃亡奴隷にとっての困難としては、情報の不足もあった。どこが安全なのか、どこが危険なのか、どの道をたどっていけばよいのか、十分な情報なしには容易に捕まってしまう。また、気候の変化に対応できる衣類や食料の確保も重要であった。さもなければ体力を維持して移動しつづけることは難しい。また、誰を信じてよいのか、裏切り行為をされないか等々、いつも危険と背中合わせで心配は尽きなかった。作家のジャクリーン・トービンとハワード大学教授レイモンド・ドバードの『平原に隠れて』(*Hidden in Plain View*)では、出会った人間が味方か敵かを見分ける方法として、シンボルを使ったと書かれている。逃亡者がシンボルの半分を描き、残り半分を盟友が描いて完成するというものだ。どの程度信憑性があるかはわからないが、それが事実であった可能性は低くないと思われる。

逃亡奴隷の大半は男性であったが、女性の逃亡奴隷もいなかったわけではない。歴史家のジョン・ホープ・フランクリンとノースカロライナ大学教授のローレン・シュウェニンガーの『逃亡奴隷』(*Runaway Slaves*) によると、南部五州の逃亡奴隷のうち、八一パーセントが男性奴隷であったとされている。子どもの世話をせねばならない女性奴隷が逃亡することは難しく、仮に子どもといっしょに逃亡したとすると、捕まる可能性も高くなった。また、男性奴隷は「貸し出」されてプランテーションの外で働くことも多かったが、女性の場合は少なく、したがって地理に通じてもいなかった。

女性逃亡奴隷でよく知られているハリエット・ジェイコブズは、一八三五年にノースカロライナのプランテーション農園主の性的欲求から逃れるために逃亡を決意した。逃亡が発覚してプランテーション周辺のあらゆるところに指名手配のポスターが貼られたことを知り、ハリエットは農園の外には出ずに、祖母の住む小屋のポーチの上の屋根裏の隙間にひっそりと身を隠した。見つからないようにするため、昼間は屋根裏の隙間から子どもたちの成長を見守り、日が暮れると外に出て体を伸ばした。ハリエットは、なんと七年間もそのような生活をしていたという。そして、逃亡の日がきた。彼女は一八六一年にリンダ・ブレントというペンネームで、自叙伝『ある奴隷娘の生涯で起こった出来事』(*Incidents in the Life of a Slave Girl*) を書き、その中で逃亡の日々を綴り、後に奴隷制廃止論者、社会改革者、教育者として活躍する。なお、奴隷本人によって書かれた自叙伝はいくつかあるが、これらは「奴隷のナラティブ(語り)」

(Slave narrative) としてアメリカ文学の一つのジャンルを形成している。「奴隷のナラティブ」は、フィクション、伝記、自叙伝の三つのカテゴリーに分けることができる。一七四〇年代から一八六五年のあいだに、おもに北部の奴隷制廃止論者によって約六五冊が書籍またはパンフレットとして出版された。古典的なものとしては、先に述べたフレデリック・ダグラスやハリエット・ジェイコブズ、また、ウィリアム・ウェルズ・ブラウン、ジョサイア・ヘンソンやヘンリー・ビブのものなどがあり、これらは一八四〇〜六〇年のあいだに出版された。最も著名なのは、第4章で詳述するブッカー・T・ワシントンの『奴隷より立ち上がりて』(*Up from Slavery*) で、一九〇一年に刊行された。

†マルーン

逃亡奴隷は相互扶助のためにグループを結成したが、雲散霧消(うんさんむしょう)するものも少なくないなか、残って「マルーン」(または「マロナージ」とも呼ばれる。フランス語で「野生の」の意) と呼ばれるコミュニティとなるものもあった。一八世紀に逃亡奴隷は、アラバマ、ミシシッピ、フロリダの孤立した奥地、密林、バイユー (沼沢地の入り江)、沼地、あるいは先住民のテリトリーに身を隠した。最初の黒人奴隷逃亡者のコミュニティは「グラシア・リアル・デ・サンタ・テレサ・デ・モーズ」と呼ばれたスペイン領フロリダのセント・オーガスティンの近くで、一七三九年から一七六三年まで続いた。

少なくとも五〇のマルーン（またはマロナージ）コミュニティが一六七二年から一八六四年にかけて南部に存在していたと推計されている。短命なコミュニティもあれば、一世代以上継続したものもあった。このコミュニティから生まれたのが「メランジャンズ」(Melungeons)、あるいは「ナンティコウクス」(Nanticokes)、「ムーアズ」(Moors)、「ランビーズ」(Lumbees)、「ピスカタウェイ」(Piscataway) などと呼ばれる現在のテネシー州東部に住む、先住民、黒人、白人の混血の集団である。これらの呼称は、現在ではやや蔑称とされる。歴史研究とＤＮＡ鑑定がすすんではいるが、どのような人びとをメランジャンズに含めるかについては議論がわかれている。いずれにしても、白人コミュニティとも黒人コミュニティとも離れたところで混血の集団が存続したという点において大変興味深い集団であることに間違いはない。

少なくとも五万人の男性、女性、子どもたちが毎年逃亡奴隷として逃げていたと推定され、そのうち艱難辛苦（かんなんしんく）を乗り越えて自由の身となったのは、わずか一〇〇〇～二〇〇〇人であったとされている。

†地下鉄道

大部分の逃亡奴隷が一時的に近場に逃げたか、あるいは少し離れたところで先住民と住居を

「地下鉄道」の駅に使われたとされる家（ニューヨーク州）
（アメリカ議会図書館蔵）

ともにしたりした。これらの逃亡奴隷とは異なり、先ほども述べたように遥か遠くに逃走した奴隷もいた。北部、西部、カナダ、あるいは南部でも都心部の自由民に紛れて新たな人生を歩んだ奴隷たちがいたのだ。ケンタッキーからは自由州が隣接していたこともあり、比較的容易に逃避を実現することができたが、ミシシッピやアラバマといった深南部からの逃亡は困難がともなった。彼らは日中は避けて、夜中に北極星を頼りに移動したりした。

「地下鉄道」という名称から、当時地下鉄があったのかと想像する読者もいるかもしれないが、実際に逃亡奴隷用の鉄道があったわけではない。あくまで比喩的に地下、つまり表で見つからないように、逃亡奴隷（＝荷物、または旅客）をかくまう隠れ家（＝駅）を転々としながら自由を夢見て移動していったということである。このような危険を冒す大冒険が可能になったのは、彼らを支援するグループの存在なしには考えられなかった。支援ネットワークで中心的な役割を果たしたのがクエーカー（一七世紀にジョージ・フォックスが創始したフレンズ会の俗称）教徒たちであった。クエーカー教徒たちは、奴隷制度に真っ向から正々堂々と反対した。その中心人物はノースカロライナのリーバイ・コフィンで、「地下鉄道の社長」と呼ばれた。また、オハイオとインディアナに住んでいたジョン・ランキンも重要な役割を果たした。

隠れ家としての「駅」は、ふつう一五〜二〇マイル（約二四〜三二キロメートル）間隔で位置していた。それは、協力者が「荷物」（＝逃亡奴隷）を運んで夜中に出発して、夜明けまでに戻ってくるのが可能な最長距離だった。裏切り者が出た場合は、すぐにルートは変更された。出発地と目的地を結ぶ線は決して最短の直線距離ではなく、予想外のジグザグコースをとって通報者の目をくらます工夫がなされた。女性の逃亡奴隷が「荷物」である場合は、普段かぶっているバンダナではなく、白人女性がかぶるボンネットの帽子をかぶって素性が明らかにならないようにするなどの工夫がされた。

ハリエット・タブマン（アメリカ議会図書館蔵）

ハリエット・タブマン（一八二〇〜一九一三）は地下鉄道の象徴的な人物である。メリーランドで奴隷の子として生まれたハリエッ

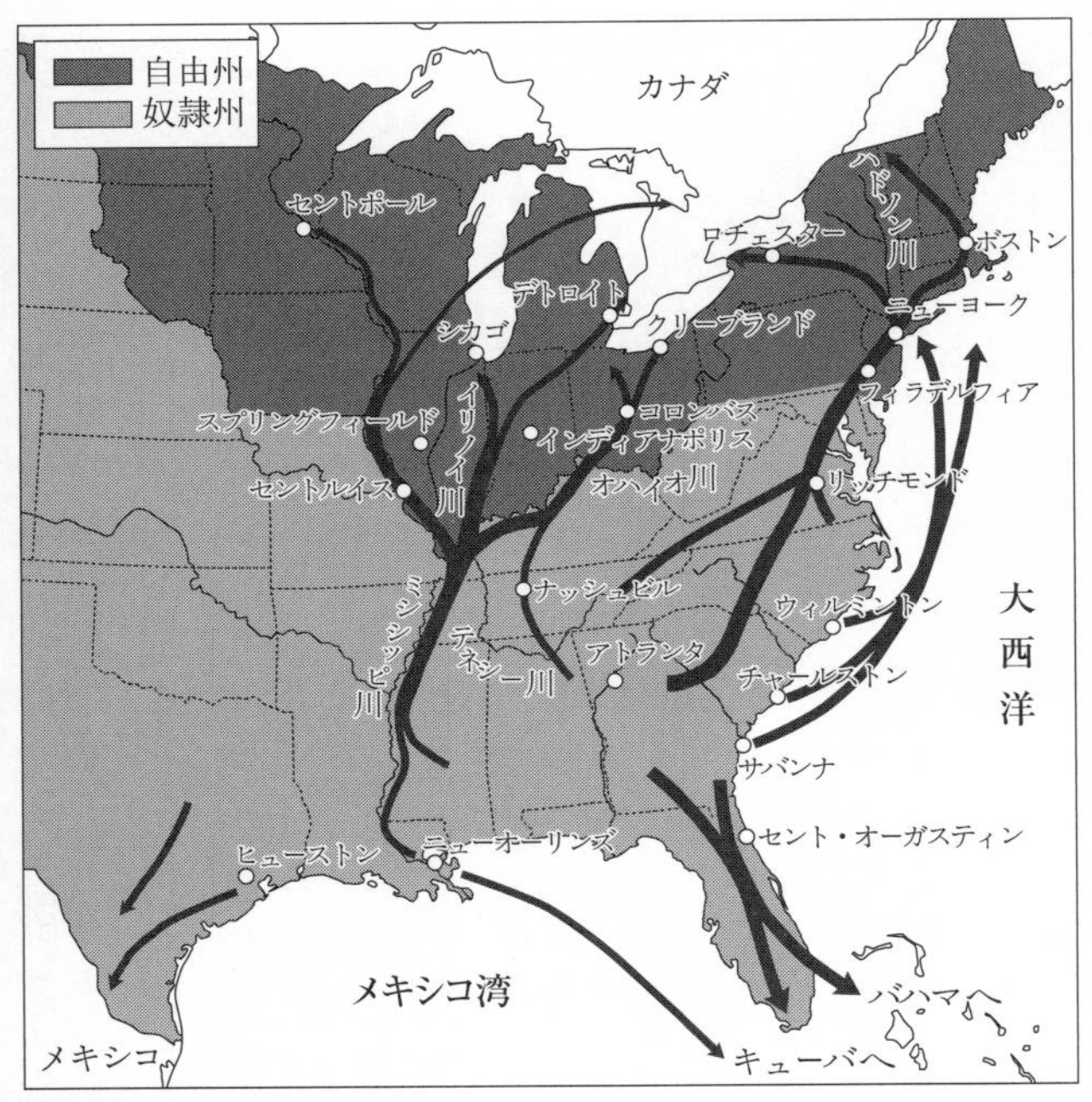

地下鉄道のルート（The National Graphic ウェブサイトの図を改変し作成）

トは、家族から引き離されてほかのプランテーションに売りに出されるということを知り、一八四八年に一人で逃亡することを決意した。彼女は、最初にフィラデルフィアへ逃げ、その後、メリーランドに戻ってくるまで三〇〇人以上の奴隷の逃亡を手助けした。メリーランドの奴隷所有者たちにもよく知られた存在となり、四万ドルの懸賞金がかけられた。最終的にカナダに定住したが、南北戦争期には北軍で看護師、スパイなどとして活躍した。

地下鉄道の活動が秘密裏に行われたという事実から、具体的な数値を割り出すのは難しいが、一八三〇年から一八六〇年のあいだに七万人から一〇万人の奴隷逃亡者が北部に逃げるのを支援し、うち約三分の一から四分の一が国境を越えてカナダに渡ったと推測されている。

†「約束の地」に到着して

奴隷州地域の最北端に位置するケンタッキー州は、オハイオ川を渡った先が自由州のオハイオであることから北部への脱出ルートとして重要な州であった。オハイオ川は全長一五〇マイル(約二四〇キロメートル)あり、さまざまな箇所から季節を選ばず渡ることが可能であった。またオハイオ州オーバリンは、奴隷制廃止論者の伝統がある町で、逃亡者のよりどころの一つとなっていた。しかし、そのように逃亡奴隷にとって条件の整っている町はむしろ少なかった。

一八〇二年にオハイオ州は奴隷制度を廃止した。しかし、一〇年も経たないうちに、黒人関連法を可決した。法律化されてからしばらくは実質施行されることはなかったが、次第に南部からの黒人移住を取り締まり、州境を越えてやってきた奴隷たちに登録することを義務づけ、二〇日以内に五〇〇ドルの保釈金を積むことを要求した。

「約束の地」は、実際に住んでみると、それほど居心地のよいところではなかった。奴隷としての生活が長かった黒人にとって、すべてがあてがわれた生活から離れ、自らが稼ぎ出して生活をしなければならなくなるため、新生活への転換は容易ではなかった。

†一八五〇年——逃亡奴隷法

独立戦争時代の終盤には、北部の州は次々に奴隷制度を廃止したか、廃止する準備をしていた。一七八〇年・ペンシルベニア、一七八三年・マサチューセッツ、一七八四年・コネチカットとロードアイランド、一七八五年・ニューヨーク、一七八六年・ニュージャージーといった具合である。

しかし、奴隷制度が廃止された北部に移り住んでいた黒人も、いつ南部に奴隷として引き戻されるか気が気でなかった。自由民だったとしても、奴隷になる運命が待ち受けているかもしれないと不安な毎日を過ごしていたのだ。その懸念が一八五〇年の逃亡奴隷法によって、いよいよ現実味を帯びた。

同法は二つの点において、黒人白人を問わず影響を与えた。第一に、逃走中の奴隷の南部への返還を法的に定めたため、多くの北部人が急進的な奴隷制反対論者から穏健派に転換した。また、逃走中の奴隷を援助する急進的な白人の廃止論者を危険な立場に立たせた。黒人の廃止論者の場合はなおさらそうであった。

第二に、同法が立法化されたことにより、黒人奴隷のカナダへの移動に拍車がかかった。一九世紀当時、ミシガンのデトロイトにはコード名があった。「ミッドナイト」(真夜中)である。そこからデトロイト川を越えるとカナダとなり、ウィンザーという街があった。その街のコード名は「ドーン」(夜明け)であった。南北戦争の前に、約三万人の黒人奴隷が国境を渡りカナダへと移住したが、そのときの経路は、「ミッドナイト」から「ドーン」だった。それは自由と安心を獲得するための旅であり、いったんカナダへ渡りさえすれば、二度と南部のプランテーションに引き戻される心配はなかった。

しかし、カナダも黒人の大量移入は歓迎しなかったので、黒人たちは既存のコミュニティに大量流入する代わりに、自分たちのコミュニティを新たに作ることになった。オンタリオ(当時は西カナダと呼ばれていた)でよく知られた黒人コミュニティは「エルジン」入植地、ドレスデン、ウィルバーフォースであった。奴隷制廃止論者と慈善活動家の善意に支えられて、これらのコミュニティは着の身着のままでたどり着いた黒人逃亡者に救いの手をさしのべ、定住の地を提供した。

元奴隷の作家ジョサイア・ヘンソンの自叙伝では、彼がどのようにして妻と四人の子どもたちとともにカナダに逃げてきたか、そして、一八四一年、彼がどのように「ドーン」入植地で逃亡奴隷の子どもたちのための学校を設立したかが述べられている。この自叙伝は、後にハリエット・ビーチャー・ストウ著『アンクル・トムの小屋』(*Uncle Tom's Cabin*)に影響を与えたといわれている。メソジスト派に改宗したヘンソンは、人類愛と精神の救済は白人だけのものではなく、すべて等しく人類に与えられたものであるとの強い信念を抱くようになった。その考えは、同書にも強く反映されている。

†アンクル・トムの小屋

奴隷制廃止論者で伝道師の父、L・ビーチャーの娘として生を享けた作家ハリエット・ビーチャー・ストウは、一八五一年に南部での奴隷の困窮状態を扱った一連の架空の物語を、新聞紙上に発表した。この連載小説は大変人気があり、『アンクル・トムの小屋』として一冊の本にまとめられ発刊されるやいなや、その人気はすさまじく、最初の一週間で一万部、一〇か月で三〇万部、最終的には三〇〇万部のミリオンセラーになった。

ストウは、アンクル・トムをキリストのような高貴な黒人として描いてみせたが、この小説で盛り上がるのは、何といっても逃亡奴隷のエリザが、赤ん坊とともにオハイオ川を渡るシーンである。凍った川の氷を割りながら前進し、まだ割れていない氷の上に赤ん坊をのせて押し進む。ときどき溺れそうになりながらも、対岸のオハイオに奇跡的にたどりつく決死行は読者を感動させた。

アンクル・トムのモデルになったのは、先に紹介した、勇気と知性と同情心をもってカナダに逃亡奴隷のコミュニティを建設したジョサイア・ヘンソンであった。オハイオ川を渡った女性については、誰がモデルになったのかは知られていないが、こちらもまた実在の人物であったといわれている。

白人によって書かれた小説で、黒人奴隷について同情的な立場から描いたものとしては『アンクル・トムの小屋』が最初であった。同書は、北部で大変な人気を博し、南部では発行禁止となり、外交面にも影響を与えた。

英国が逃亡奴隷のカナダへの入国についての取り締まりを模索していたときに、英国の王室でも「アンクル・トム」は話題にのぼっており、一八五〇年に制定された「逃亡奴隷法」によって北部で見つかった奴隷はすべて南部に引き戻されるという事実も知られていた。それで英国は、カナダ国境を閉鎖すれば黒人奴隷の希望も閉ざすことになると考え、国境を閉鎖しなかった。『アンクル・トムの小屋』は、カナダ国境を閉ざさず、逃亡奴隷たちの避難所とすることにも影響を与えたのである。

†奴隷解放への模索

すべての白人が奴隷を解放することに無関心だったわけではなく、たとえばそれは、大統領でも同様だった。ジョージ・ワシントンは、自分の奴隷を自由にすると約束し実行に移した。他方、トーマス・ジェファーソンは奴隷制度を非難し、奴隷の苦しみを理解すると言ったが、最後まで自身の奴隷を自由にしなかった。また自分の奴隷のサリー・ヘミングスとのあいだに数人の子どもがいたことが、公式発表こそないが、DNA鑑定で証明されている。

しかし、奴隷解放といっても、すぐに実行に移せるほど簡単なことではなかった。まず、奴隷所有者たちにとっては、奴隷を解放するということは、自分の所有物、つまり財産がなくなることを意味する。解放するのであれば、その代償として、しっかりとその分の金銭的な補償があることが前提であると所有者たちは主張した。

第二に、奴隷が自由の身となってからのことが議論された。南部では、黒人の自由民が増えることに多くの白人は反対した。北部では、都市部に黒人が増えてヨーロッパからの移民との軋轢(あつれき)が生じることが懸念された。となると、黒人をほかの場所へ移住させるという案が浮上してくる。隣近所にいてもらっては困るので、どこか遠くに送り出してしまおうという考えである。具体的には、西アフリカのリベリアに植民地を建設する案が検討された。

一八一六年に「アメリカ植民協会」が設立され、さまざまな活動に従事した。白人と黒人で構成された植民協会は、奴隷所有者と奴隷解放論者とのあいだに立って妥協策を模索したが、リベリアはアメリカとの距離がありすぎることや、高い死亡率のため人気が出なかった。リベリア以外では、西部やメキシコという提案もあった。一八〇〇年代に奴隷自身に、移るとしたらどこへ行きたいか仮に聞いたとしたら、おそらくその答えはアフリカではなかったであろう。すでに奴隷たちはアフリカ人というよりもアメリカ人になっていたからである。

奴隷解放でもう一つ考慮せねばならなかったのは、解放には二つの段階を踏む必要があったという事実である。まず、奴隷所有者の同意を得ること。そのうえで、州の同意にこぎ着けなければ、解放は完成しなかった。したがって、所有者の同意は得られたものの、州の制度が追いついていなかった場合は、奴隷は解放されても中途半端な状態での解放となったのである。

所有者の同意による奴隷解放は、数千人の奴隷を自由にした。しかし、奴隷そのものの人口は、一八〇〇年の九〇万人から、一八一〇年には一二〇万人、一八三〇年には二〇〇万人以上、そして南北戦争が勃発した一八六一年には四〇〇万人以上に達していたから、その中での解放というのはごく限られた数でしかなかったことがわかる。

†人種と肌の色の複雑な階層関係

ここで、北米における人種差別の変遷について触れておきたい。人種差別のイデオロギーは時代とともに移り変わってきたが、とりあえず南北戦争までをおさらいしておこう。スウェーデンの生物学者カール・リンネが一七五八年に他の動物の種から人間を分けて分類したときに人種間の階層の基盤が作られた。形質人類学者のヨハン・ブルーメンバッハが「ヨーロッパ人」という呼称の代わりに「コーケイジャン」（コーカサス人）という表現を一七九五年にはじめて使ったが、その後、「コーケイジャン」は次第に「ホワイト」に取って代わられた。そのため、アフリカ人は「ブラック」と呼ばれるようになった。

新世界では、これらの表現は新しいニュアンスを帯びて使われるようになった。ブラジルとカリブ海の島々では、さまざまなパターンの人種混淆はそれぞれに異なる扱いがされたが、北米では、アフリカ出身者は十把（じっぱ）一絡（ひとから）げに「カラード」または「ニグロ」と呼ばれた。また、英国植民地時代には、アフリカ出身の自由民もいればヨーロッパ出身の奴隷もいたにもかかわらず、奴隷はアフリカ出身者に限定されるようになった。この状況は、自由黒人を何世紀にもわたって曖昧で窮屈な状況に追いやってしまった。

奴隷制度が北米で根を下ろすにしたがい、白人は肌の色が白いということだけで、肌の色が黒いアフリカ人に対して優越感を抱くようになっていった。とはいえ、白人の奴隷所有者は女性黒人奴隷との関係を持っていたし、そのことによって、同意のうえであれ強制的なものであれ、白人と黒人の混血の人口も増えていった。白と黒とのあいだのグラデーションが増え、混血の黒人は白人から多少優遇された。一方で、そのような混血者は白人の血が混じっていないアフリカから来たばかりの人びとからは蔑（さげす）まれることもあった。

ジョン・M・ワシントンは、自叙伝の中で混血の母と白人男性のあいだに生まれた自分の存在そのものに困惑し、恥じ、ときに虐待されたことを記している。それでも、都市に出ると経済的、社会的には混血であることが有利に働いたとも述べている。白人として通ってしまう「パッシング」効果により、図らずも優遇されたということである。一八六〇年代までに四〇〇万人の黒人人口のうち、約一割は白人との混血であったと推測されている。

黒人のあいだでも、数世代にわたってアメリカに在住している黒人と、新たにアフリカから連れてこられた黒人とのあいだに軋轢があったことが知られている。数世代にわたって在住している黒人は、言語や文化の点でアメリカ化していることにより優越感を感じ、新しく来た黒人を田舎者扱いにした。それに対して、新しく来た黒人はアメリカに数世代にわたって住んできた黒人を、アフリカの伝統文化を捨て去った裏切り者、アフリカ人の誇りを失った浮ついた人間として非難した。

混血ということでいうと、北米の中ではニューオーリンズが最もユニークな地域であるといえよう。なぜなら、人びとのルーツがヨーロッパの中でも英国、フランス、スペインとさまざまであり、それらの人びととアフリカ系、先住民系が混ざり合ったからである。そして、これらのさまざまな組み合わせに、それぞれ呼称がついているのだ。

まず、同じ白人でも他の地域から移住してきた白人と区別するために、地元在住の白人の両親から生まれた第二世代は「クレオール」と呼ばれた。白人と黒人のあいだに生まれた子は「ムラトー」、白人と先住民の親のあいだに生まれた子は「メティス」、黒人と先住民の親のあいだに生まれた子は「ザンボ」と呼ばれた。

一七四〇年代には、これら第二世代の子どもたちも成人に達し、三世を産み「クアドルーン」に、一七六〇年代になると四世が誕生し「オクトルーン」と呼ばれた。

ニューオーリンズでは、これらの混血児を総称して「クレオールズ・オブ・カラー」と称された。

†同居による複雑な関係

南部白人は黒人よりも優れているという信念はゆるぎないものであったが、だからといって白人と黒人が常にいがみ合っていたというわけでもない。北部人のフレデリック・ロー・オルムステッドは、南部で白人と黒人が仲良く同居していた様子を、驚きをもって記録している。

奴隷所有者の子どもたちと奴隷の子どもたちは、ともに育ち、遊び、しばしば親友になった。女性奴隷が白人の赤ちゃんに乳を与えることもあった。多くの白人は昔を懐かしがって、彼らの幼児期の代理母であった奴隷女性、いわゆる「マミー」のことを語った。『風と共に去りぬ』(*Gone With the Wind*)に登場するスカーレット・オハラの「マミー」はそのイメージを代表しているといってよかろう。呼ばれた本人の気持ちははかりかねるが、女性奴隷は白人に、よく「アーント」(おばさん)と呼ばれ、男性奴隷は「アンクル」(おじさん)と愛情を持って呼ばれ親しまれた。

この親密な関係も、子どもが成長するにしたがって、次第に距離が保たれるようになっていった。八〜一三歳くらいになると、白人の子どもは白人とだけ付き合うようになり、竹馬の友であったはずの黒人の子どもは、青年期に達し大人になるにつれ、身分が格下げされて扱いも邪険になった。当然、感受性豊かな青年期を過ごした黒人は、この不当な扱いにひどくいらだちを覚えた。逃亡奴隷の多くが白人家庭で白人とともに幼少期を過ごし、抑圧された青年期を送り、成人へと成長していった奴隷たちであったという事実は、大いにうなずけるものである。

第3章 南北戦争と再建——一八六一～一八七七

†南北の格差

著名な歴史家ジェームズ・M・マクファソンは、一八六一年の南北戦争勃発の前に、「アメリカ合衆国」は複数名詞扱いであったと指摘した。すなわち、"The United States *are* a young country." のように使われていたのである。戦争が一八六五年に終了し、"The United States *is* a young country." となり、この固有名詞は単数扱いの名詞となることができた。この変化は、アメリカの文化のみならずアフリカ系アメリカ人の文化と歴史を理解するうえでも大変重要である。本章では、南北戦争がなぜ起こったのか、そしてその後どのように国は推移していったのかについてたどってみたい。

一七世紀に建設されたアメリカの植民地は、そこで得た利益を英国王室に提供するために作られたが、一八世紀後半になり入植者たちが英国による「専制政治の束縛」を捨て去った後は、自らの利益を得ることに躍起になった。北部の小規模地主は、家族の労働力を頼りに生計を立てるために必死になって働き、工場経営者たちは、ヨーロッパからの輸入品との競争に勝つため、労働者に長時間労働を強いた。一方、南部では、大地主たちは、はじめはヨーロッパの年季奉公人に、そして後にアフリカからの奴隷に労働力を依存するようになっていった。彼らの存在なしには、プランテーションでのタバコ、米、藍、そして綿の生産は成り立たなかった。

南部の大地主たちは、換金作物と自活するための収穫に労力を分散してしまうよりも、北部、またはヨーロッパに出荷することによって得られる当座の巨利に目がくらんでいた。しかし、アフリカからの奴隷売買に共犯者として名を連ねるべきは、プランテーションの大地主たちのほかに、このビジネスに投資していた北部ニューイングランド地方とイギリスの工場経営者、資金を耕地と奴隷の購入に提供した北部の銀行、奴隷売買に参加した船主と、プランテーションでの奴隷化と生産に必要な器材を生産した商人たちであった。

人口統計学上の要因に注意を払うと、一八二一年の時点では南北の人口はほぼ等しかったことがわかる。しかし、一八六一年までの四〇年間に、ヨーロッパから莫大な数の移民がアメリカを目指してやってきた。ジャガイモ飢饉から逃れてきたアイルランド人などの新移民のほとんどは、南部での奴隷労働との競合を避けて、北部を目指した。彼らは、必死の思いで住みかを探し出し、劣悪な環境の中で工場、鉱山、商店で働いた。

そもそも南北の格差は、独立革命時の「自由」のための闘争からすでに始まったといってよいかもしれない。諸州を束ね、国家としてのまとまりを目指した米国憲法は、しかしながら、すべてのアメリカ人の自由を保障したわけではなかった。南部はヨーロッパとの貿易に関わる商品の大半を生産しており、そして議会での代表権を北部と同等に保つために、奴隷を五分の三人として頭数に算入することを主張した。とはいっても、奴隷に何の権利があるわけでもなく、投票権もなければ、政府関連の仕事にはつけなかった。この主張を北部が素直に受け入れたわけではなかったが、当時まだ不安定な国家運営のなかで、植民地すべてが参入することなしには国家として立ちゆかないということは十分に理解していたので、南部の主張に反対することはなかった。一方、奴隷貿易は妥協により一八〇八年に廃止されたが、しばらくは国内の奴隷売買は継続していくことになる。

†脱退への道

一九世紀前半に入ってフロンティアが西へ拡大しはじめたとき、まず問題となったのは、新たな領土と州が奴隷制度を認めるか否かという点であった。南部にとっては、奴隷制度を認めないとなると、政治的、経済的発言権が弱まることは明らかであった。北部にとっては、奴隷制度を導入してしまうと、無賃金労働者であるアフリカ系の奴隷を相手に新移民が働き口を失ってしまうことは、火を見るより明らかであった。

第二の問題は、産業と貿易に関することであった。ヨーロッパから輸入される安価な商品に対抗するために、北部は関税を輸入品にかけることを求めた。一方、南部のプランテーション農園主たちは、北部で生産された商品よりもヨーロッパとの自由貿易によって得られる安価な商品のほうが魅力的であった。これらの問題は、そのほかの問題とも絡み合って、南北間の南部のプランテーション所有者にとって、「資産」には「人間の動産」すなわち奴隷も含まれていた。「資産」と「権利」に関する基本的な意見の相違となって表面化し、連邦政府が地方の自治に介入しないことを意味する「州権」の行使に関わるところまでこじれていった。

南部では、これらの基本的な意見の相違は、連邦からの脱退というかたちで一八六一年に鮮明になった。「われわれは、英国の所有者たちからの解放のために戦った。そして、今、われわれの主人になろうとする北部の人間を相手に戦い、自由を得るために戦い続ける」と南部人たちは気炎を上げた。しかし、ここでいう「解放」とか「自由」という言葉は、奴隷には無縁であった。奴隷たちは、労働のための頭数でしかなかった。

南北戦争が勃発した当時、南部の人口は九〇〇万人(三五〇万人の奴隷を含む)だったのに対し、北部は二二〇〇万人と比較にならなかった。この人口比は、戦闘要員としての若年男子の数にも反映された。北軍には四〇〇万人の勢力があったのに対して、南軍は、奴隷たちを武装させたくなかったために、一二〇〇万人の戦闘要員しか擁していなかった。さらに、南部は綿をヨーロッパに売ることによって武器の調達や生活物資を得ることが見込まれたが、それらを得るには何週間もかかるうえに、北部が南部の港を封鎖する可能性を考えれば、きわめて危険をともなうことが容易に予測された。

第三の問題点としては、映画『風と共に去りぬ』の中でレット・バトラーが雄弁に語っていたように、南部は武器を生産するのに必要な鉄鋼工場、軍艦を生産する造船所と進軍中の兵士たちに物資を調達する工場が不足していた。実際、ニューヨーク州だけで全南部諸州の四倍の生産能力を持っていたのである。また、軍隊と必需品の移動に不可欠な鉄道の路線の距離についても、北部は南部の二倍であった。さらには、南部には住民と軍に資金を調達するための銀行が一つもなかった。

†勝利の公算

しかしながら、南部がすべての点において不利であったわけではなかった。たとえば、南軍の指揮官には、多くの陸軍士官学校卒業生がいた。その中には自ら率先してではなかったが、総指揮官となり、名将としても名高いロバート・E・リー将軍もいた。また、戦場の多くは南部の領土内であったことから、南部人のほうがはるかに土地勘を持っていた。さらに、馬術と銃器の扱いにも慣れていた。そして、何よりも重要なのは、南部人が自身の家と土地、文化を守るために戦うという強い意志を持ち合わせていたことだ。そして、その文化には、アフリカ系の奴隷を所有することも含まれていた。

奴隷の解放は、南北戦争の争点では必ずしもなかった。重要なのは連邦体制を維持することであり、統一なしでは「アメリカ合衆国」はヨーロッパからの圧力に耐えることができないというのが政治家たちの共通認識であった。南部が連邦を脱退するより前、エイブラハム・リンカーンのみならず他の政治家たちも、南部が連邦から脱退してしまったら、新国家の先行きは明るくないと感じていた。後の就任演説で、リンカーン大統領は、「直接または間接的にも、奴隷制度のある州に対して干渉することは考えていない」と断言した。一八六二年八月の新聞記者ホレス・グリーリーへの書簡で、リンカーン大統領は「私の最大の目的は、連邦を救うことである。奴隷制度を保つか廃止するかというのは喫緊の課題ではない。奴隷制度と有色人種について何かするとしたら、それはすべて連邦を保つという目的のために行うものである」と綴った。奴隷制度の有無が南北を分けての大きな問題であったことは間違いないが、「南北戦争は、当初から奴隷解放のために勃発した」との主張に説得力はない。

†脱退と南部連合

リンカーンは、大統領としての最初の仕事は合衆国連邦を維持することであると明言した一方で、内心は異なっていた。一八二八年、リンカーンは一九歳のとき、ニューオーリンズへの平底船での旅の途中、奴隷市場で若い混血の女性が売られてゆくのを目撃した。そのとき、将来、奴隷制度に関して公の場で意見を開陳する機会が訪れたなら、大いなる決心をもって正面から反対すると、彼は言い切ったという。イリノイ州議員となったときには、リンカーンは、たしかに、議会において奴隷制度に対して強い口調で非難した。リンカーンは人種間の平等を説くことはなかったが、奴隷制度が道徳的に誤りであるという点については主張をつらぬいた。そして、将来、州に昇格する西部地域の諸準州において奴隷制は認められるべきではないと考えていた。ただ、彼は奴隷制度には、このように個人的に大反対ではあったが、奴隷制度が認められた州に対しては、そのことに表立って反対することはなかった。

一八六〇年一一月、リンカーンは大統領に選出された。そしてその翌月、サウスカロライナ州が連邦から最初に脱退し、さらに一八六一年になって数か月のうちに六つの州が続いて脱退した。リンカーン大統領の就任日である三月四日までに、南部連合が組織され、ジェファーソン・デービスが南部連合の大統領として宣誓した。

一八六一年四月、南部連合軍が、サウスカロライナ州のチャールストン湾を守る北軍のサムター要塞を攻撃し、南北戦争の火蓋が切られた。そして、さらに四つの州が連邦から脱退して南部連合に加わった。「州間の戦争」ともいわれる南北戦争の開戦前夜について詳しく語る紙幅はないが、ひとこと述べておくとすると、北部も南部もともに、抗争は長くは続かない、したがって犠牲もそれほど出ないだろうと楽観していた。

南軍は、独立した国家として国際的な認知を得ることができなかった。また、軍事的には明らかに南軍は不利な状況にあったが、善戦し、血なまぐさい戦場が連綿と展開されていった。

米国議会（北部連邦政府）は、一八六一年に「没収法」を可決することによって奴隷が南部プランテーションから逃亡することを奨励した。それは、南部連合軍による戦争目的で使われたどんな奴隷にでも「逃亡奴隷」としての身分を与えることであった。この「奴隷の身分から解放される」ことの噂は野火のように広がった。しかし、北軍にたどり着くことは簡単でなかった。そして、たとえ首尾よく行き着いたとしても、食物、服を与えられ保護されるという保証はなかった。

戦争の最中である。南部にたどり着いた北軍は、兵士の食糧の確保だけで精一杯であり、避難民として逃げ込んできた奴隷を養う余裕などなかった。さらに、北軍が突然引き上げたとしたら、奴隷はどうなるのか。北軍の後について行くことができるのか。それとも、置いていかれて、南部の奴隷所有者の怒りを真正面から受けることになってしまうのか。そんな非常に不安定な状況に身を置くことを覚悟しての逃亡であった。

†名ばかりの奴隷解放

南部を孤立させるための戦略の一環として、リンカーン大統領は、奴隷解放に踏み切る。北軍が戦争に勝つために、それは「軍事的必要性」があるのだと閣僚に話した。そして、一八六二年九月二二日、奴隷解放宣言は公布された。南部に属するすべての奴隷は、一八六三年一月一日以後、解放されると明言したのである。こうすることによって、リンカーンは北軍の戦争目的を拡大した。そして、人間の自由を国家主義の最初の目標の一つに加えた。北部は、こうすることによって、南部を経済的、政治的にのみならず、道徳的にも孤立させることに成功したといえる。ヨーロッパの大国は南部の主張に共鳴し、綿の輸入を望んではいたが、奴隷制維持に固執する南部連合を支持するのは困難であった。

しかし、「奴隷解放」については、もう少し詳しく見なければならない。まず、第一に、北部の支配権の及ばない南部の奴隷を解放すると宣言した事実を取り上げる必要がある。奴隷解放の一つの動機は、南部のプランテーションから奴隷が去る機会を与えるということであり、そのことによって直接または間接的に南部を動揺させることを意図していた。奴隷たちは、プランテーションの労働に精を出すことに加えて、南軍のためにも働いていた。すなわち、彼らは戦闘員として南軍には籍を置いていないが、兵士のための食糧を栽培したり、機材を運送したり、溝を掘ったり、防塁(ぼうるい)を作ったり、野戦基地の料理人や雑役夫として役割を果たしていた。こういった銃後の守りを取り外すことは、北軍にとっては戦略上効果が見込めた。

第二に、北部で、または、ミズーリとケンタッキーなどいわゆる「境界州」(連邦から脱退しなかったが奴隷制度を認めた州)で奴隷は解放されなかったこと(冒頭の地図参照)、第三には、奴隷解放宣言はアフリカ系アメリカ人にとって象徴的な出来事であり、後に記念日として祝われることにはなったが、真の解放は憲法修正第一三条が一八六五年一二月一八日に公布されるまで待たねばならなかったことにも注意が必要だ。

したがって、リンカーンの奴隷解放宣言の後も数年間、奴隷たちはプランテーションでの労働に今まで通り従事しつづけなければならなかった。

ところで、奴隷解放宣言にともなって出されたのが一八六三年の徴兵登録法であり、それは北軍の部隊増強のためであった。

とくにニューヨークでは、この徴兵制度は評判が悪かった。なぜなら、ニューヨークに数多く住むアイルランド移民は、すでに黒人との職の奪い合いをしていたからである。裕福な者は相当額を支払うことによって徴兵を免れることはできたが、貧しいアイルランド移民には、そのような徴兵忌避の手立てはなかった。連邦の維持といった大義のためよりも、ただ単に戦闘要員としてかり出されているだけだと不信感を募らせた。

北部の白人は、その多くが奴隷制反対の見解を持っていたかもしれないが、黒人奴隷の解放のために己の命をかけるという気持ちにはなれなかった。ゲティスバーグで多大の犠牲が出たという知らせがニューヨークに伝わったとき、約五万人の白人たちが暴徒と化して、三日間にわたって怒りの矛先を黒人居住区に集中させた。このニューヨーク徴兵暴動で、黒人教会、孤児院などは焼き討ちにあい、数人の黒人はリンチにあった。反乱鎮圧のために連邦軍が呼び出されるほどの事態だった。

†南北両軍での黒人の役割

『風と共に去りぬ』は、長いあいだ、南北戦争を象徴する映画とされてきたが、一九八九年公開の『グローリー』(*Glory*)のほうが、事実の描写はより正確であるといってよかろう。奴隷解放が宣言されてから五か月後に、連邦の陸軍省は、黒人の部隊を構成した。黒人が通常の部隊に入れなかった理由は明白であった。白人兵士たちが同じ部隊で戦うことを拒んだからである。

自由獲得のために戦おうと訴えたフレデリック・ダグラスと他の黒人指導者たちの呼びかけに応えて、多くの黒人たちが北軍で最初の黒人連隊となる第五四マサチューセッツ連隊志願兵部隊に志願した。兵士はすべて黒人であったが、連隊を指揮する士官は白人だった。

黒人が兵役についた実績はすでにあった。しかし、リンカーンと官僚たちは、当初、黒人がはたしてどの程度兵士として活躍できるのか確信を持てずにいた。ただ、北軍が南軍に勝利するためには、あらゆる機会を利用することに躊躇(ちゅうちょ)している場合ではなかった。そして、黒人兵士たちは戦う意思を示すだけでなく、実際に勇敢で有能に戦える兵士であることを身をもって示してやろうと決意していた。

映画『グローリー』は、黒人兵士の受け入れに対する周囲の反応を正確に描いている。最も低い階級の白人兵士は月一三ドルと軍服が支給されたが、同じ階級の黒人兵士には一〇ドルしか支給されず、さらにそこから軍服代として三ドルが差し引かれた。入隊した黒人兵士たちは、この程度の支給では家族の生活を支えることもままならず、さまざまな点で軍のために犠牲を払うことになった。また、軍服を着ることができても、実際の任務は前線に赴くこともなく、武器も支給されず、白人軍隊の後方支援止まりであった。戦うために入隊した黒人兵士にとって、これは耐えがたい屈辱であった。さらに、これらの不公正な待遇に加えて、黒人兵士たちは敵軍である南軍からの虐待にも向き合わねばならなかった。南軍は、黒人兵士を捕らえた場合、捕虜とは見なさず奴隷に戻すか、または処刑するという条例を出していた。

第54連隊兵士であったウィリアム・ハーヴェイ・カーニー（1864年頃）（スミソニアン博物館蔵）

第五四連隊所属の黒人兵士の多くは奴隷ではなかった。捕らえられた場合、奴隷になる可能性を考えると、連隊にいつまでも所属していることに迷いが生じた。また、南軍は条例のなかで、黒人連隊を率いる白人士官も処刑の対象となることを定めていた。しかし、黒人も白人も、兵士の大半は連隊に残った。

第五四連隊は、一八六三年にサウスカロライナのワグナー砦に送られた。その強固な要塞を陥落させることが彼らに与えられた使命であった。攻撃に加わった兵士六〇〇人のうち二七二人が命を落とした。しかし、その戦いぶりは、黒人にも自由のために戦う能力と意思があり、そのための勇気と技量を兼ね備えていたと、人種差別的な懐疑論者をも納得させた。第五四連隊の勇敢な戦いによって、一八六四年に白人兵士と同等の賃金の保障、武器、装具と医療を黒人兵士は勝ち取った。

一方、南軍は、黒人捕虜を捕虜として扱うことを拒否しつづけた。同年、南軍のネイサン・ベッドフォード・フォレスト将軍は、テネシーのピロー砦で、約半数は黒人兵士から構成されていた北軍の連隊を攻撃した。フォレスト将軍は、敵軍を負かすことだけでは満足せず、捕虜も含めたすべての兵士を皆殺しにすることを命じた。この残虐な行為は、南北戦争における黒人虐待の歴史のなかでも際立っている。フォレストは、さらに戦後、悪名高いＫＫＫ（クー・クラックス・クラン）を結成して不名誉な経歴を積み重ねることになる。

先にも述べたが南軍の黒人奴隷は、直接前線に加わることはなく、おもに物資の輸送や基地の防塁建造の作業にあたった。また、南軍兵士の戦死者のために墓を掘る役割も担わされていた。南北戦争も終盤にさしかかり、南部の指揮官たちのあいだでも奴隷を武装させて前線に配置するという意見が出はじめた。しかし、北軍に逃走するか、場合によっては南軍の白人兵士に銃を向けるという可能性を、彼らの脳裏から消し去ることはできなかった。

その後、状況が切迫してきたために、南軍もようやく奴隷を戦地にかり出すことを決断したが、結論を出すのがあまりに遅すぎた。それからわずか数週間後、南軍は北軍に白旗を掲げることとなった。

†戦争の結末

南北戦争の四年間に、二五万人の南部人が命を失った。一方、北軍は三六万人が戦死した。そのうち約三万七〇〇〇人は、アフリカ系アメリカ人であった。戦場の大半は南部だったため、膨大な資産、収穫物が破壊された。南部の経済は実質的に壊滅状態で、地域全体の資産の総額は戦前の四三パーセントにまで落ち込んだ。南部が発行した通貨の価値はゼロに近く、綿の生産は半減した。そして、ようやく回復したのは一八七九年、終戦から一四年が経過していた。

南北戦争後の最も大きな変化は、ほぼ四〇〇万人の奴隷が解放されたという事実であった。白人の奴隷所有者にとって、これはおよそ二〇億ドルの「資産損失」を意味した。南部の経済にとって、そして、何よりも南部の白人たちにとって「所有権」の喪失が意味するものの大きさは計り知れなかった。

かつての奴隷所有者たちは、黒人は「劣等で、無力で無邪気だ」と思い込んでいた。したがって、彼らは次のような理屈を持っていた。何もできない元奴隷たちを「保護し世話をする」のが自分たちの義務である。さもないと、解放された黒人たちは路頭に迷ってしまう。慈悲あふれる「オールド・マッサ」すなわちオールドマスターである家長が「どうすることもできない子どもたち」に親のような慈愛をふりそそぎ、「部外者」つまり北部の人間と解放された黒人たちの悪影響から守る。「オールド・マッサ」は、南部の黒人にとっての「親友」であり、「奴隷解放」は戦争がもたらした「不幸」、さらに言えば「悲劇」である。黒人の元奴隷たちは自ら生計を立てることなど所詮無理であるので、再び自分たちの農園に戻り、そこで収穫の仕方について手ほどきを受ける。そうすることが白人の義務である。

白人奴隷所有者が黒人奴隷たちの思いを無邪気なまでに理解していなかったことがよくわかる。奴隷が逃げて、南部を進軍した北軍について行ったとき、それは奴隷たちの本心から出た行動であった。しかし、奴隷所有者は、そのことがわかっていなかった。戦争が終わり、解放され自由民となった奴隷たちが白人に対して表向きの敬意をも示さないばかりか、プランテーションに戻って、「マスター」（農園主）のもとで働く意思を示さなかったときに、奴隷所有者たちはひどく驚き、はじめて黒人たちの本音をそこに見たのであった。白人の優越性、プランテーションでの幸せな労働、白人家族との従順な生活、何に不満があったというのだろう、まったく理解できない、というのが、白人奴隷所有者たちの素直な、しかしあまりにも鈍い感覚であった。

南部は敗北したが、白人の黒人奴隷に対する思考パターンに変化が生じたわけではなかった。奴隷解放宣言と内戦の勝利だけでは、文化と生活習慣に根ざした奴隷制度という太い根っこを引き抜く力とはなり得なかったといえよう。このことは、南北戦争後の一〇〇年間の南部における人種関係を理解するうえでも不可欠である。解放されたおよそ四〇〇万人の奴隷たちの胸中は複雑であった。もはや奴隷としての厳しい日々も、「マスター」のための労働も必要ない世の中になったのは喜ばしいことではあった。しかし一方で、敗戦した南部は疲弊し、人種を問わず食糧難に直面していた。また家畜は、北軍、南軍両方から調達されて、残された数は多くなかった。農場の収穫物は、燃やされたか放置されたままであった。結局、南部に残った黒人奴隷の多くは、解放されたというのは名目上のことで、実質、何ら変わらないプランテーションの日常に戻っていった。

南軍の将軍ロバート・E・リーが北軍のユリシーズ・S・グラント将軍に一八六五年四月九日に降参して二日後、リンカーン大統領は国民に向かって演説した。演説の中で、リンカーンは戦後復興のさまざまな課題について語り、その中で識字能力のある黒人と黒人の退役軍人に対して投票権を与えることも述べた。南部連合の熱心な支持者であった俳優のJ・W・ブースは、リンカーンの計画している黒人に対する市民権の付与をいかなる手段を用いても防ぐつもりでいた。

リンカーンは当初、黒人のあいだではかならずしも人気があったわけではなかったが、奴隷解放宣言以降は味方として支持され、「リンカーンの政党」である共和党は、民主党の大統領がニューディール政策を一九三〇年代に導入したときまで支持政党としてとらえられていた。一八六五年四月一四日、ブースによりリンカーンは暗殺された。彼の棺を載せた列車がイリノイ州スプリングフィールドに向かう途中、何千人もの黒人たちが線路脇で遺体を見送った。

†解放民局と「四〇エーカーとラバ一頭」

一八六一年一一月、白人プランテーション経営者とその家族が逃げ去った後、北軍の海軍艦隊はサウスカロライナ州チャールストンの南の沖にあるシー・アイランズを攻撃し、素早く占領した。この島は戦後、南部在住の元奴隷である黒人たちの社会への関わり方について一つのヒントを与えてくれた。シー・アイランズのプランテーションは、およそ八割がアフリカ系住民で、南部でも最も孤立した地域の一つであった。ということは、逆にいえば、多様なアフリカ文化の維持が可能であり、実際、言語的にも英語とアフリカの言語が混交したピジン語の

「ガラ」(Gullah) が残った。

シー・アイランズには、戦時中も、数百人単位の宣教師、解放奴隷が北部からやってきては、食物、衣類を与え、病の治療にもあたった。政府、慈善家、教師と解放奴隷は皆、シー・アイランズで経験を積むことによって、後に何百万もの南部の奴隷を解放する際に想定されうる問題を事前学習できた。

南北戦争が終局面にさしかかった一八六五年一月一六日に、北軍のW・シャーマン将軍は特別作戦命令一五号を発令し、シー・アイランズとチャールストンの沿岸の低地の広大な米作地帯を、解放されたアフリカ系アメリカ人の居住区として指定した。

先述したとおり、南北戦争の戦場はほとんどが南部で、黒人奴隷たちは、北軍が進軍してくると、それを自由を得るための絶好の機会ととらえ、最大限に利用した。奴隷たちは、北軍は奴隷を解放する救世軍であるとして大きな期待を寄せた。

救いを求めて逃げてきた奴隷たちに接すると、北軍はなんとか救い出さねばならないと感じた。ぼろを身にまとって、飢えをしのいでいる奴隷たちに対しては、何らかのかたちで庇護(ひご)する必要があった。連邦政府がそこで果たすべき役割があることは明白だった。

前述のように、W・シャーマン将軍は「特別作戦命令一五号」を発令し、サウスカロライナとシー・アイランズの沿岸地域を確保した。そこで将軍は、奴隷に土地をあてがい耕作させることにしたのだ。シャーマン将軍は、黒人家庭に四〇エーカー（約一六ヘクタール）の土地と耕作用の軍用ラバを一頭貸し出すことを提案した。

解き放たれた黒人奴隷にとって、土地を所有することが現実味を帯びてきた。自らの土地を所有することは、すなわち自給自足の生活に根ざした自由を獲得することを意味した。南部が負けたら、北軍が南部のプランテーションを分割して黒人奴隷に配分するであろうという噂が広まった。「四〇エーカーとラバ一頭」の夢は今や現実となりつつあるように思えてきた。

シャーマン将軍は慈悲深い将軍であったかのように見えるが、土地は南部の白人から没収したものであり、シャーマン率いる軍隊に食糧と衣類を供給する必要があった。解放された奴隷に武器を与えるよりは、食糧の確保のために農地で働いてもらうのがよいとの判断があったと考えるほうが自然であろう。それに、奴隷に自活してもらうことで、余計な面倒を見なくてすむ。このシャーマンの命令は、南部プランテーションを分割し再配分するという、後の連邦政府の決定に影響を及ぼすこととなった。

南部の首都であったリッチモンドが陥落する前の一八六五年三月に、連邦政府は「避難民、解放民、放棄地局」を設立し、陸軍省内に置いた。同局設立の趣旨は、必需品と医療の提供、学校の設立、解放された人びと（解放民）と雇用者間の契約の監督、没収地の管理をし、避難民と解放民の支援を行うことであった。一般的に「解放民局」として知られた同局は、占領下にあった南部全域で活動し、解放された奴隷と貧困白人に支援の手をさしのべた。

具体的には、税金を投入して、元奴隷が正規に雇用契約を結べるようにしたり（その相手の多くは元のプランテーション所有者であったが）、法的な婚姻手続きを進めたり、学校を新たに設立したりした。また、黒人市民のために有権者登録を監督した。

同年、四月一四日のリンカーン暗殺後、かつて奴隷の所有者であった副大統領アンドリュー・ジョンソンが大統領になった。ジョンソン大統領は、解放された奴隷たちへの配慮なしに、南軍の指導者たちに恩赦を与え、南部の白人たちに大統領に許しを請うよう要求した。とはいえ南部白人に求められたのは、合衆国に対する忠誠を誓い、憲法修正第一三条の奴隷廃止条項を支持するだけであった。それが、資産と市民としての権利を回復するための交換条件であった。

奴隷制の廃止を旨とする憲法修正第一三条は、一八六五年に憲法の一部になった。この憲法を遵守すると誓うことによって、南部の土地所有者は大部分の土地を取り戻し、つかの間の土地所有者になっていた元奴隷たちは追い出されてしまった。「四〇エーカー」を与えられた元奴隷たちも、やせた土地での開墾は決して楽ではなかった。また、土地は与えられても、耕作に必須の「ラバ」が欠けていた土地が少なくなかった。ということで、「四〇エーカーとラバ一頭」は淡い夢となり、現実は、どこまでも厳しくつらく長い道のりが続いた。

†再建のステージ

一八六五年に南北戦争が終結してから一八六七年までのあいだ、ジョンソン大統領が十分な反省もない南部白人地主に土地を戻した時期を、「大統領の再建」期と呼ぶ。奴隷制度は公式に廃止されたが、解放された奴隷たちの権利を保障する努力はほとんどなされなかった。ジョンソン大統領は南部の大地主たちのことを忌み嫌っていたが、基本的に黒人は南部の白人によって支配され続けられるべきだと思っていた。そのような発想は、二〇世紀に公民権運動が起こるまで、南部における一般的な考えであった。

南部は戦争に負けた。しかし、戦いの四年が終わって、白人の優越と黒人への抑圧は不変であった。「偉大な解放者」としてのリンカーン大統領が暗殺され、その後を任されたのがジョンソンのような人物であったのは、まことに皮肉な状況であったといわざるをえない。

ジョンソン大統領が南部連合に勝利した後に、適切な変更を実施しなかったことに対して、議会はかなりの違和感を抱いて見ていた。新議会が奴隷制度の廃止を認めた一方で、大統領はアフリカ系アメリカ人の権利を制限した「ブラック・コード」と呼ばれる黒人取締法を議会で通過させた。

アフリカ系アメリカ人にとって、大きな前進となったのは一八六七年から一八六九年までの

「議会の再建」期と呼ばれる時期であった。議会は、一八六八年に、解放民に市民権を与え、憲法修正第一四条を加えた。そして、一八七〇年に投票権を保障する第一五条も加えた。これらの二つの修正条項は、アフリカ系アメリカ人男性に州の新たな憲法のための投票、州議会での投票を認め、そして議会において議員として加わることを認めるものであった。

一方、南部白人男性は、一時的に選挙権を剝奪され、黒人男性に与えられた選挙権に抗議するために投票を拒否した。結果的に、新議会では黒人自由民がかなりの割合を占めるようになり、市長、警察署長、教育長官、徴税官、保安官としての役割を担うようになっていった。また、陪審員もつとめるようになり、はじめて奴隷時代には与えられなかった法的正義を獲得した。

戦後復興においておそらく最も意義深いのは、「議会の再建」によって、南部がいくつかの地区に分割され、それらの地区に連邦の軍隊と軍の指揮官を配置したことであろう。この作業のなかで南部の白人を怒らせたのは、大規模な「占領軍」が南部を統治することになった事実よりも、そこに配属された兵士の多くが黒人という「侮辱的」な扱いを受けたことにあった。

当時、南部の人口のほぼ四割が黒人であり、そのうち黒人男性については投票権を獲得したのに対して、南部白人の一～二割は連邦政府に反逆したかどで投票権を失っていた。その結果、少なくとも五つの南部州で、黒人有権者が多数を占め、南北戦争前には南部に存在しなかった共和党の基盤が形成されることになった。

　黒人たちは、南部に移り住んだ北部白人と共和党員としての連帯を築いた。北部からの白人移住者たちのことを南部白人たちは「カーペット・バガーズ」（渡り者）（絨毯の生地でできた袋に所持品をいれていたことから、そのように呼ばれた）と呼んで蔑んだ。南部白人は、北部からの新参者たちを政治的な日和見主義者と見なしたが、実際は、彼らのほとんどは元奴隷を援助するために南部にやってきた学校教師や看護師であった。

　一方、南部白人の中にも共和党に鞍替えする者が徐々に現れた。彼らは、ほかの南部白人たちから「ごくつぶし」と非難され嘲笑と暴力の標的となった。とくに「ＫＫＫ」のような自警政治テロリスト・グループの格好の標的となった。これらの暴力的なグループは、新しく選挙権を与えられた黒人と白人の共和党員に投票活動を阻止させるために脅迫し、暴力をふるった。

　大多数の南部の黒人は南北戦争終了当時、識字能力はなかったが、読み書きができる黒人が政治集会で声に出して新聞を読み、情報を伝えたので、読み書きのできない黒人も事情は比較的よく把握していた。独学の場合も、正規の教育を受けた場合もあったが、大部分の黒人政治指導者は教養があった。

　黒人で初の連邦上院議員となったハイラム・ローズ・レベルズは、自由民として生まれた。家業は床屋であったが聖職者でもあり、一八七〇年には、ミシシッピ州選出の上院議員として役割を果たした。南北戦争終結後から二〇世紀の最初の一〇年間に、六〇〇人以上の黒人政治家が州議会議員として活躍し、米国連邦下院には二〇人、連邦上院議員には二人が当選した。

†「借地人」と「小作人」

南北戦争以前に黒人が先祖の代から長年にわたって耕し改良を加えてきた土地が、わずかながらでも彼らの手に戻されるといった希望は、結果的に農地改革の失敗により実現されなかった。北軍が没収した土地は、結局、南部白人の土地所有者の手に戻ることとなったのだ。黒人は、土地が戻されるどころか、行き場さえなかった。しかし、白人は、土地は戻されたものの奴隷労働にもはや依存することができなかったので、綿作りをするにも労働者がいないというジレンマに陥っていた。

南北戦争が終結した一八六五年当時、アメリカの黒人全人口の約九割が南部に居住していたとされている。法的には、解放された奴隷はどこにでも移住し、自由に職業選択ができるはずであった。しかし、現実はかなり異なっていた。たしかに、一部は西アフリカに行き先を求め、リベリアに移住する者たちもいた。また、オクラホマ、カリフォルニアへと向かう者もいた。ネブラスカやカンザスに移住する者も少なくなかった。

『旧約聖書』の「出エジプト記」(Exodus) になぞらえて、南部を離れてほかの地域へ移住したアフリカ系アメリカ人たちは、「大脱出者」(Exodusters)と呼ばれた。土地、移動手段、食糧がすべて無料で提供されるという噂を聞きつけて、多くがカンザスを目指した。噂は噂でしかなかったが、カンザスには数千人単位で移住した。

しかし、圧倒的多数はどこかほかに移り住む機会があったわけではなかった。先立つものはないし、土地の負債もある。家族の絆が彼らを一所にとどめさせた。解放民局も、ほとんど役に立たないということはすぐに明らかになった。南部の黒人も白人も、それぞれの生活のために妥協の道を模索する必要が出てきた。

前章で述べたように南北戦争前、南部には労働者の自立が許された「タスク労働」と、管理の厳しい「ギャング労働」があった。「タスク・システム」によって、奴隷たちは割り当てられた仕事を完了した後に、自身のために農園で働くことができた。自活的要素を取り入れることによって、迅速に仕事を終えさせる効果もあった。しかし、白人雇用主、とくに深南部の綿花農園の白人地主は奴隷制度に近い「ギャング労働」を好んだ。

黒人労働者にとっては、戦前の状況に戻るのはまっぴらだった。互いに歩み寄らねば生活がままならない状況にあったので、交渉を重ねた結果、白人地主は黒人と貧しい白人に対して、原則二〇〜四〇エーカー(約八〜一六ヘクタール)の農地を出来高に基づいて提供し、食糧と生活必需品の支払いも農繁期には支払い猶予を与え、収穫の先取り特権も保障した。支払い猶予による商品の購入については、地元の商店が生活用品のほかにも肥料や農具について取り扱った。

借地人を多く抱えていたプランテーションでは、農園内に「売店」を構えていた。労働者は、一定のクレジットの範囲内で月に一度、小麦粉、肉、油などの生活必需品を購入することができた。購入した品は帳簿に記載され利子がついた。「ファーニッシング」と呼ばれた生活必需品の購入代は、収穫時期の「付け払い時」に収入から差し引かれるかたちで清算された。いずれにしても、農園主が損しない仕組みだった。

表向きは、この制度は双方にとって公正ではあった。地主は、現金支払いをせず収穫のための労働力を確保でき、労働者は、比較的独立したかたちで農業を営むことが可能であった。理論上は、労働者は家族とともに一生懸命に働いて節約すれば、一定の利益をあげることができるし、長年にわたってそれを継続すれば、自ら土地を購入し完全に独立することも夢ではなかった。

しかし、土地を借りるだけの財力のある労働者は限られていた。土地を借りることのできた労働者は「借地人」となり、できない労働者は「小作人」になった。前者はラバと農具を所有して、若干の種や肥料を自分の土地に供給することができた。年によって「供給」にかかる代金も異なりはしたが、食糧、衣類、機材購入と利子払いが差し引かれた後でも、収穫の三分の二から多いときは四分の三まで純益を得ることができた。一方で小作人は、一般的にラバも農具もなく労働に従事するだけだった。生活必需品の購入などにかかった費用を差し引くと、稼ぎのほぼ半分は持っていかれてしまうというのが実情であった。大部分の小作人は、白人、黒人を問わず、決して逃げることのできない借金返しの奴隷のような労働に組み込まれていた。

†KKK設立される

南北戦争前、南部では白人の夜間「巡回員」が黒人の移動を制限した。そして、権力を笠に着て黒人奴隷に対して暴力を働き、逃亡奴隷を見つけたら力ずくで所有者のもとに連れ返した。南北戦争中は、北軍が南部自治領に進入する際、「巡回員」は「義勇隊」や「警備隊」の代わりとなって北軍の兵隊や逃亡兵の監視の役を担い、同時に逃亡奴隷の監視も買って出るようになった。この非公式な組織は南北戦争の終了と奴隷解放をもって頓挫した。

その後、南部白人は黒人の自由民の出現に当惑し、自己主張し勝手に動き回られるのではないかと警戒心を抱いた。そして一八六五年の暮れに、巡回員がかたちを変えて復活した。元南部連合軍の将軍であったネイサン・ベッドフォード・フォレストと五人の将校たちによってクー・クラックス・クラン、すなわちＫＫＫが結成されたのである。当初はテネシー州プラスキーで産声を上げたわずか六人の白人集団だったが、戦時中の興奮を忘れることができず、白ずくめの神秘的な出で立ちで夜な夜な蛮行を働き、入会儀式を執り行うことによって存在感を高めていった。KKKという名称はギリシャ語の「キクロス」(集まり)とケルト語の「クラン」(一族)からとった名称で、Kで始まることで語呂がよかったということもあるのかもしれない。しかし、攻撃の対象となった黒人にとっては、暇をもてあました白人の単なる悪ふざけではすまされない脅威であった。

南北戦争直後の南部は、無法地帯といってよかった。旧来の社会秩序は崩れ、それに代わるものもなかった。夜中に活動する結社としてのKKKは、名目上は「治安を回復すること」を目的とした自警団であったが、目的は奴隷解放以前の白人優位の秩序に戻すことであった。要するに、KKKは白人男性が社会的に、経済的に、そして政治的に有力だった南北戦争以前の世の中に戻らせるための組織だった。

KKKの意図に沿わなかった黒人は、恐怖にさらされるか、直(じか)に暴力の対象となった。それは、闇の中で実行された。黒人が「罪を犯している」と判断される場合の、その「罪」には、裕福になったり、収穫をあげたり、白人のために働くことを拒否したり、共和党の候補に投票したり、KKKにとって「横柄である」と判断されたことがすべて含まれるのだ。そして、その「罪」を犯した黒人には厳しい「罰」が与えられた。なかでも、最も重い「犯罪」と目されたのは、白人女性の強姦であった。しかし実際、婦女暴行容疑についてはは、ほとんど証拠らしい証拠はなかった。なお、仮に黒人男性と白人女性のあいだに相思相愛の関係があったとしても、その事実は南部白人男性の優越感を脅かすものとして許されることではなかった。

白人が黒人に与える「罰」にはさまざまな形態があった。言葉による脅しから、鞭打ち、銃撃、刺傷、放火、資産の破壊、リンチ、追放に至るまで多岐にわたっていた。KKKの「正義」は、黒人だけにとどまらず、南北戦争の終了後に北部から来た学校教師など黒人に同情した白人にも及んだ。同情的な態度を示した白人は、襲われたり脅迫されたり、命が惜しければ出て行くようにいわれたりした。

プラスキーで創設されたKKKは南部一帯で次第に注目を浴びるようになり、徐々に似通った集団が各地で作られていった。これらの自治集団を統括するような規律や組織があったわけではなかったが、一八六七年に集会を開いたときにフォレストを新たな「帝国」の「偉大な魔法使い」として祭り上げた。プラスキーのKKKと緩やかな連帯関係を維持しながら各地の集団は、独立した「巣」を形成し、「領域」の中で「グランド・ドラゴン」「タイタン」などと称する首領を頂点とした階層組織を構築した。それらの「自警団」的組織は、自らを地域の法と秩序を守る「警察」と見なした。

KKKは当初多くの白人大衆から支持され、連邦政府の干渉は効果がなかった。KKKに容疑がかかったとしても、目撃者は報復を恐れて証言するのをためらい、したとしても陪審員は

KKKの一団（1912〜30年頃）（アメリカ議会図書館蔵）

有罪の判決には傾かなかった。

しかし、さすがにKKKの野蛮さが度を過ぎるようになってくると、白人の大衆も支持しないようになってきた。連邦政府は、自称自警団が南部に幅をきかすことをこれ以上許すわけにはいかないと判断すると、KKKを潰しにかかった。一八六九年に創設者ネイサン・ベッドフォード・フォレストによって解散宣言がなされたことと、一八七〇年と一八七一年に通過したKKK取締法によって、一八七二年にはKKKの活動はいったん収束した。しかし、それでも黒人と黒人支持者の白人に対する暴力行為は続いた。『風と共に去りぬ』では、KKKの活動については、南部を悪意ある黒人自由民とヤンキーの渡り者から保護する不屈の精神をもった紳士の集まりとして美化して描いている。しかし、KKKは地域の正義を守ることなどにはほとんど関心を持たない、単なる違法なテロリスト集団であったのである。

いったん収束した黒人に対する嫌がらせと暴力は、この後少なくとも二度起こる。一度は一九一〇年代から一九二〇年代にかけて、D・W・グリフィスの映画『国民の創世』においてKKKを南部の擁護者として描き全米の支持を得たときであり、もう一度は一九五〇年代から六〇年代にかけてのアフリカ系アメリカ人とその支持者に対する脅迫行為である。これらの差別の繰り返しについては、別章で詳しく述べることにする。

†教育と自決に対する欲求

奴隷という立場にあっても、自立するためには読み書きができないことには話にならないと悟り、農園主の許可があろうがなかろうが、黒人たちが自ら学んでいたことは前述したとおりである。この識字率向上への努力は、南北戦争中も継続していた。南北戦争のあいだ、連邦軍の兵営を訪れた者がよく目にしたのは、青い背表紙のウェブスターの綴り字本を使って互いに教え合っている黒人兵士たちの姿であった。黒人兵士たちは、家族とコミュニティが自活していくためには、自分自身が教育を身につけていることが必要であると自覚していた。そのために、戦いの最前線にありながら、激戦の狭間（はざま）に暇を見つけては、その目標に向けて時間を惜しんで学びに励んでいたのである。

黒人は白人の施設を使うことは許されないことが明らかだったので、自立した生活のためには、黒人のための喫茶店、宿舎と旅宿を経営することが必要であった。白人の援助なしで、自分たち自身で経営するためには、そのノウハウを学ぶ必要もあった。また、法廷で陪審員としてのつとめを果たすために、投票権を得て投票するために、あるいは政府機関に勤めるために、彼らがまずしなければならなかったのは、読み書きができるようになることであった。しかし、南北戦争開始当初、黒人自由民は、一人立ちするだけの経験と土地や道具などの資源を持っていなかった。

黒人が自ら学校を作るには、数々の障害を乗り越えねばならなかった。当時の南部には公教育制度が存在しておらず、農園主は、教育は教育を受けるに足る余裕のある人間にのみ与えられればよいと思っていた。教育が施されるべき子弟には家庭教師があてがわれ、名の知れた大学に通わせた。そんな状況だったので、教育を与えるに足らないと見なされた白人の農民の子どもたちや黒人は教育の対象外であった。

大多数の黒人コミュニティで唯一集会が許されていたのは黒人教会だったので、教会が校舎の役割を果たすことになった。では教えるのは誰かということになる。地元の白人教師が黒人教会に行って教鞭を執るということは考えられなかった。頼りとなるのは北部からやってきた白人の教師経験者か黒人自由民の中で多少なりとも教育のある人間であった。校舎を兼ねた教会で教養ある牧師が教師を兼ねるということも多かった。

しかし、教育には教科書や教材などが必要になる。そのためには資金がいるが、黒人にそんな余裕はなく、北部から来た教師に助けを求めることになる。しかし、現金はない。そこで、黒人の親たちは、木を学校のストーブに提供するか、現金の代わりに、卵、野菜、果物、米または落花生（らっかせい）といった作物類を教師に与えることによって、教科書、鉛筆、本、机代や授業料に代えた。結局、教育面においても依然、白人への依存状態が続くことになった。

†自由獲得のための教育

黒人が教育を受けることは、黒人の自由獲得を象徴するものであった。このことは、多くの南部白人にとってはあってはならないことであった。新しく建設された学校が、夜中に不審火で全焼したり、暴力の標的になることは珍しくなかった。翌朝、ちゃんと学校がその場に残っているためには、夜通し見張りをたてる必要があった。一八六八年までに、南部の一五の州には八〇〇四人の教師がいた。そのうち四二一三人が黒人教師で、大部分は独学であった。そして、三七九一人は、おもに北部のキリスト教伝道組織から派遣された白人教師であった。黒人にしろ白人にしろ、これらの学校教師は常に差別に抗し、暴力に耐える覚悟のあった勇気ある人びとだった。

南北戦争後、南部の黒人にとって教育は最優先事項の一つではあったが、学校に通えるということは、長いあいだ、黒人家庭にとって時間的・経済的余裕が与えてくれる贅沢であった。子どもたちは、農園での種植えや収穫時期には欠かせない労働力であったし、洗濯物を取り入れる母の手伝いや、両親が働きに出ているあいだの弟や妹の子守も任されていた。学校は一〇月から五月までやっていたが、学期中でも数か月間労働のために学校を離れなければならなかった。また、白人の敵意も登校を妨げた。学校へ行く途中、黒人児童・生徒は、しばしば南部白人による人種的な暴力行為の標的となった。

このように南部黒人が教育を受けるには多くの障害が立ちはだかったが、それにもめげず黒人の親たちはさまざまな犠牲を払って子どもに教育を施すために最善の努力をした。一方、解放民局も教育の面では貢献した。実際、同局の最大の功績は、教育面においてであった。南部黒人が、あらゆる種類の学校を設立するのを援助し、昼間、夜間、日曜学校と実業学校、大学などを、さまざまな局面で支援したのである。また、親たちも昼間の労働を終えてから、自分たち自身のために、読み書きができるようになりたくて、夜間コースの設置を懇願した。その要請を受けて、多くの地域では「夜間学校」が開設され、そこで聖書を読めるようになりたい、投票権と被選挙権も行使したい、商取引において白人にだまされないようにしたいと思う黒人の大人のためのコースが作られた。

また、読み書きの能力を身につけることは個人の満足にとどまらなかった。一人が読み書きの能力を身につければ、学校に通うことができなかった家族や隣人に教える教師となった。そのようにしてコミュニティ全体の識字率は向上していった。解放民局の育英事業が一八七〇年に終わる頃には、およそ二五万人の黒人が四三〇〇の学校に通っていた。

皮肉にも、黒人が識字率を高め、政治と経済面において自立したいという欲求が広がってくると、その熱意は白人の農園主にも伝わり、自分たちの農園にとどまってもらうために農園内に学校を設立する動きが出てきた。さらに、「プアホワイト」と呼ばれた貧しい白人労働者たちにも次第に教育の機会が与えられるようになってきた。北部の宣教師と州政府は、正規の教育を受けることなしに墓場で人生を終えていたかもしれないプアホワイトのための学校を建設した。したがって、当初は黒人だけが対象だった教育支援の輪は、貧しい白人をも助けることにつながっていったのである。

教育機会をさらに利用できるだけの余裕が出てきた自由黒人たちの中には、タスキーギ・インスティテュート（アラバマ州タスキーギ）、ハンプトン・インスティテュート（バージニア州ハンプトン）、フィスク大学（テネシー州ナッシュビル）、ハワード大学（ワシントンDC）といった、今でも「伝統的黒人大学」として知られている大学に進学する者も現れはじめた。これらの大学は北部の宣教師や慈善家によって部分的に資金援助を受けて設立されたが、無から有を産むには数々の苦労がともなった。受け入れ側の教職員の養成も大きな課題ではあったが、志願者たちも十分な教育を受けていなかったり、まったく授業料を払う余裕がなかったり、学校に着ていくための服もろくに買えなかったり、自宅からの通学にはあまりに遠距離であったりした。

タスキーギ・インスティテュートの歴史の授業（1902年）（アメリカ議会図書館蔵）

しかし、彼らには高い意欲があった。貧しいが熱心な学生のために、さまざまなプログラムが準備され、たとえば、ハンプトン・インスティテュートでは、「手作業プログラム」を提供し、働きながら大学を卒業できる制度を作った。新設のフィスク大学の指導者たちは、大学の建設資金を提供するだけでなく、次に述べるように、後にアメリカの音楽シーンに幅広い影響を与える試みを実行に移した。

†「スピリチュアル」の誕生

ナッシュビルにできたアフリカ系アメリカ人のためのフィスク大学が設立当初、資金繰りに苦慮していたなかで、一八七一年、同大学の音楽教師で声楽の専門家であった白人のジョージ・L・ホワイトは、九人の黒人学生とともにコンサートツアーを組んで北部の各地を回った。彼らの当初のレパートリーは、白人のコーラス・グループによく歌われていたバラード、感傷的な歌、愛国歌などであった。ツアー・グループは、決して下手ではなかったが、北部の観衆はアフリカ系アメリカ人が白人の歌をまねて歌っても、所詮まねごとにすぎないと、あまり相手にしてくれなかった。また、コンサート以外の道中で、食事や宿をとるのにも人種差別に直面した。そんななか、あるコンサートの休憩時間の後、奴隷制度時代からの伝統的な黒人歌の一曲を、ホワイトが彼らに静かに歌いはじめさせたとき、潮目が変わった。観衆がその曲に反応したため、ホワイトは、それ以降のプログラムに当時「奴隷歌」と呼ばれていた黒人歌を必ず加えるようにした。

現在「スピリチュアル」と呼ばれているこれらの歌は大変好評を博したので、結局、コーラスのレパートリーはスピリチュアルのみで構成されるようになっていった。そして、彼らはやがて「フィスク・ジュビリー・シンガーズ」(Fisk Jubilee Singers) として知られるようになった。「ジュビリー」(jubilee)という語は、人生の困難や奴隷の苦難から解放された死をもって得られる自由を意味したが、やがて、歓喜に満ちた黒人霊歌、そして霊歌全体を意味する語となっていった。

フィスク・ジュビリー・シンガーズ(1872年)(アメリカ議会図書館蔵)

フィスク・ジュビリー・シンガーズは北西部で大成功を収めたので、翌年には全米と欧州でもツアーを組んだ。さらには、ホワイトハウス、またイギリスではビクトリア女王の前でも歌を披露した。フィスクの大成功を受けて、ほかの黒人大学でも同様の動きが出てきた。バージニアのハンプトン・インスティテュートでは、一八七三年にコーラスグループを設立した。やがて、この二つのコーラスグループと類似の黒人霊歌グループによって、霊歌は黒人だけのものではなく世界に知られるようになった。

前述したとおり、黒人奴隷は白人の奴隷所有者とその家族に、自分たちの音楽の一部を聞かせることにためらいはなかった。しかし、「スピリチュアル」

として知られるようになった黒人霊歌は、本来、自分たちだけのために歌われた歌であった。「スティール・アウェイ・トゥ・ジーザス」(Steal Away to Jesus)、「スウィングロウ、スウィートチャリオット」(Swing Low, Sweet Chariot)、「オー、カナン、スウィートカナン」(O Canaan, sweet Canaan) などの霊歌の歌詞は両義性のあるものだった。「スティール・アウェイ・トゥ・ジーザス」は、単にイエスの信奉者になるというだけの意味ではなく、夜の密会への招集をかけるコード化された意味が含まれていたし、元奴隷のフレデリック・ダグラスは、「オー、カナン、スウィートカナン」を注意深く聴けば、そこで歌われているのは単に天国へたどり着く希望というだけではなく、北部での自由を獲得することを希求するという意味も含まれていることに思い当たるはずだと述べている。

しかし、奴隷たちが歌っていた霊歌とフィスク・ジュビリー・シンガーズが歌った霊歌は、まったく同じものではなかった。フィスク・ジュビリー・シンガーズの霊歌は、欧米の白人のテイストを取り入れた、より洗練された霊歌であった。歌い方はスムーズで、文法も正当な英語に近づけられていた。また、歌詞も明朗に発音された。つまり、黒人霊歌がヨーロッパのクラシック音楽風にアレンジされたかたちで歌われていたのだ。

それは、白人の聴衆に追従(ついしょう)した結果といえないことはないが、大学教育を受けた学生たちにとっては、自分たちを奴隷の強制労働や退廃的な生活のイメージから遠ざけたいという願望もあったのかもしれない。この二律背反的な傾向は、二〇世紀に入って北部に移住したアフリカ系アメリカ人たちが圧倒的なシーンを作り出したカントリー・ブルースにおいても見られた。

†奴隷解放がもたらしたさまざまな果実

奴隷解放はさまざまな結果を生み出したが、その中の一つに姓名の変更をあげることができる。「シーザー」とか「チャリティー」「エイプリル」といったよくある言葉でむりやり白人につけられた名前はやめ、また、「ウィル」とか「スージー」のような愛称的な呼び名も避けて、「ウィル」から「ウィリアム」、「スージー」から「スーザン」に変えたり、まったく新しい名前に変更したりしたのだ。基本的には、アフリカ起源であることを思い起こさせるような、また、アフリカ系アメリカ人としてのアイデンティティの発露を示すようなネーミングは避けられた。自由を得た喜びを体現させたフリーマン、リバティ、ニューマンなどは好まれたし、アングロ系白人によくある名前のジャクソン、ジョンソン、モーガンのような姓も好まれた。また大統領の姓であるワシントンやジェファーソンといった名前も人気があった。南部では、少数ではあるが、元農園主の姓を引き継いだ者もいた。

奴隷解放の後、アフリカ系アメリカ人は移動の自由を最大限に行使しようとした。他方、白人は、元奴隷黒人がそのような権利を獲得したとしても、基本的には黒人は白人のために働くものと決めつけていた。したがって、先にも触れたが、黒人が自分たちの仕事を求めて遠くへ行くことなど想像だにしていなかった。南北戦争に敗れたとはいえ、南部白人は黒人を本来の持ち場へ帰してやるのが義務と思っていた。それは、元のプランテーションに戻って、また同じ農園主のもとで働くことを意味していた。

しかし、黒人の思いは白人からは遠く離れていた。たしかに元のプランテーションに戻って働く黒人も少なからずいたが、働き方や主人に対する態度はまったく異なっていた。かつて奴隷時代には、いわれるままに強制的に長時間働き、また、働く時間も決められていたが、今や奴隷ではなく労働者となった黒人たちは、プランテーションの畑に出ても、昼の休憩は長くとり、土曜日の午後に働くことは断った。自由民となった黒人にとっては、長年自分たちが観察してきた主人や奥様をお手本とし、ゆったりと仕事をすることを選択したのである。仕事のペースを落とすことによって、今や自由人となったという証を示したかったのかもしれない。白人は、かつては農園や農園主の大豪邸で召し使いとして働いていた黒人女性が、まるで「貴婦人きどり」にふるまっていると不満をあらわにした。多くの黒人女性は働くことをやめたわけではなかったが、労働時間を自分の意思で短縮し、余った時間は自分の家の掃除や庭いじり、子育てにあてるようになった。

†移動の新しいかたち

南北戦争が終わってアフリカ系アメリカ人に移動の自由が与えられた。彼らを肉体的にも精神的にも縛りつけていた南部白人たちから、まずは距離を置くことによって新たな人生のスタートを切る必要がある、黒人たちはそう思っていた。それは、義務感にも似た強い希望であった。しかし、頼りにする知り合いもなく見知らぬ土地へ出かけていくのは、相当な勇気が求められた。多くは近場の知り合いがまだいるところで、ほかのプランテーションで働いたり、近くの町に移り住むことから始めた。つまり、ローカルな移動であった。突然の労働力不足に悲鳴をあげた白人農園主のなかには、引き留めるのに躍起になった者もいた。しかし、彼らの移動を止めるのは難しかった。

地元を、さらには南部を離れて、北部に移住を決めた黒人もいた。移動は鉄道線に沿ってなされることが多く、急ごしらえの駅に仮泊し、そこでなんとか空腹や病をしのぎながら移動した。しかし、やはり、着の身着のままでの旅はつらく、たとえ目的地に着いたとしても、どうやって生計を立てていけばよいのか、あてはなかった。厳しい現実を目の当たりにして、北部への移動への魅力は急激にしぼみはじめた。北部への移動でさえこうなのだから、アフリカとなるとどうだろう。数千人のアフリカ系アメリカ人は、アメリカ植民協会の誘いを受けて、おもにサウスカロライナの港から無料でリベリアへの移住を申し込んだ。しかし、大多数の黒人自由民はアメリカ合衆国内で自分の未来像を描くことにした。もはや彼らは「アフリカ人」ではなかったのだ。カリフォルニア、カンザス、オクラホマといったところが、国内に残ることを決めた南部黒人たちの新天地となっていった。

一八六五年の南部の敗北より少し前から、自らまたは秘密の「地下鉄道」の援助を受けて、多くの黒人奴隷と自由民は、南部白人の容赦のない仕打ちから逃れるために、北部またはさらに北のカナダを目指した。カナダに渡っても、奴隷解放宣言の後に米国に戻り、北軍で南部と戦った者もいた。戦争が終わり、カナダに移住した黒人もふるさとへの思いは捨てがたく、戻る者たちも多かった。法的な庇護のもとにコミュニティを形成したが、カナダでも当時は黒人への偏見を捨てきれずにいた白人は多かった。やがて還流移民の動きが顕著になり、カナダへ移住した黒人の約三分の二が祖国アメリカへ帰還したと見積もられている。

†南部再建の結果

一八七二年に、解放民局は廃止された。戦争終結から七年が経過し、北部の黒人支持者たちにも疲れが見えはじめていた。ラザフォード・ヘイズ大統領が一八七七年に最後の北軍の部隊を撤退させたとき、いわゆる「議会の再建」期は終焉を告げた。しかし、実際には、再建はずっと以前に終わっていたといってよい。最後の年には、北軍は南部にはすでに駐屯せず、大部分の州議会は南部白人の手中に収まっていたし、北部の白人たちも黒人の解放よりも自らの事業的関心のほうが強かった。憲法修正第一四条は、黒人に対してアメリカ合衆国市民としての免責と権利を保護したが、それは州の住民としての保護ではなかった。さらに、憲法修正第一四条および第一五条の実施は、州政府に任せられていた。そして、反抗的な南部白人は黒人が得た権利を徐々に剝奪していった。

しかし、再建がまったくの失敗に帰したというわけではない。奴隷制度はもはや法的に許されなかった。そして、黒人は配偶者、子どもまたは親類がむりやり離散させられ、売りに出されるといった恐怖心を抱く必要もなくなった。非常に短期間に黒人は識字率を大幅に向上させ、教育を受ける権利を獲得した。わずかではあるが、自分の土地を得た黒人もいた。

米国憲法修正条項は、奴隷制度を廃止し（修正第一三条）、アフリカ系アメリカ人に市民権を与え（修正第一四条）、人種に基づいた投票権の否定を禁止した（修正第一五条）。しかし、これらの憲法修正条項が常に尊重されたわけではない。実際、あからさまに無視されることもあったが、少なくともこれらの条項を盾に、当事者は法に訴えることが可能になったのである。

第4章

「ジム・クロウ」とその時代——一八七七～一九四〇

†法的逆戻り

「議会の再建」期、南部黒人の権利獲得は、連邦占領軍と北部から来た支援者たちの政治的、軍事的決断力に大きく依存していた。しかし、再建期が終わり、連邦政府が一八七七年に軍当局を最終的に撤退させると、実権は南部諸州の政府に委ねられた。となると問題の焦点は、選挙権を与えられた黒人とさまざまなイデオロギーを持つ南部白人とが、どうやって折り合いをつけていくかということに移っていく。

憲法修正第一四条と一五条に明記してある黒人の投票権と法的権利の保障を遵守するために、一八七五年の公民権法には次のような文言が記されている。

> アメリカ合衆国が管轄するすべての人びとは、住まい、恩典、施設、宿泊施設、水陸の公共の乗り物、劇場やその他の公共の娯楽施設を利用することが十分かつ平等に認められる。法律によって定められた条件と制約を受けながらも、これはあらゆる人種、肌の色、以前に奴隷であったか否かに関係なくすべての市民に適用される。

公民権法が署名され発効されると、アフリカ系アメリカ人は歓喜に満ちて、早速、新たに獲得した自由の行使に動いた。列車のファーストクラスを予約し、レストランの正面の席を陣取り、居酒屋でビールを飲み、劇場の前列席に座った。

これに対して多くの白人は、アフリカ系アメリカ人を公共施設から閉め出すことに躍起になった。再建下での黒人の権利拡大の流れを止めるために、法的手段に訴える者も出てきた。連邦の裁判所に提訴し、連邦最高裁での判断を仰ぐところまでいったものもある。重要な判例として、次の事件を挙げることができる。刑務所に押し入った白人の男たちが、拘留中の黒人男性を一人殺害し、ほか三人を激しく殴打して傷つけた事件である。

この事件について法廷は、修正第一四条は州が行使する行為にのみ適用されるのであって、私人の行為には適用されないと判断を下した。たとえ白人市民が黒人を殺害したとしても、連邦政府には私人の行為を律する権限はないということである。この判決は、公民権法と修正第一四条を骨抜きにする根拠を作ってしまった。

この判決の意図するところは、その後の公民権関連の法律とアフリカ系アメリカ人の権利に関する訴訟に大きな影響を及ぼしつづけた。法的な議論は連邦主義に関わるもので、それは憲法修正第一〇条に次のように集約されている。

合衆国憲法によって合衆国政府に委任されていない、かつ憲法によって州に対して禁止されていない権限は、それぞれ州、そして国民に委ねられる。

すなわち、合衆国憲法は合衆国政府に対して、特殊な例を除いて個人による行為を命ずる権限は与えていないために、結局、個人の行為に関する規制は州政府が行うということになる。「連邦政府の介入」に反対する人びとの理論的根拠は、この憲法修正第一〇条に謳われている文言に依拠している。そして、この条項を盾に南部白人の自称「救世主」たちは、黒人を元の従属的な立場に引き戻そうとした。

一八八三年に、合衆国連邦最高裁は、公民権に関していくつかの判決を下した。これらの判決では、一八七五年の公民権法は、ごくまれな状況下においてのみ連邦政府によって執行されるとした。黒人の公民権の保護は地方の問題であり、連邦の取り扱うところではないとしたのである。憲法修正条項は認められても、それを実行に移すための法律を定める権限が連邦議会には与えられなかったということになる。

連邦最高裁によるこの決定は、元奴隷とその子孫に与えられた権利の剥奪を目指していた南部白人たちに、絶好の機会を与えることになった。それは、黒人自由民に関する諸問題への北部人の関心が冷めてしまったことにとどまらず、黒人の権利回復が法的に立ちゆかなくなる結果を生むことにつながった。逆に、南部白人の「権利回復」に拍車がかかり、「本来」の黒人の従属的立場への逆戻りを正当化することになったのである。一八七五年の公民権法が最高裁によって支持されていたなら、そして、その後の黒人に対する隔離政策や権利剝奪が法律で規制されていたなら、今日のアメリカ社会はずっと違った様相を呈していたであろう。しかし、残念ながら当時の連邦最高裁は、結果的に南部黒人をまた元の隔離された従属的立場に戻す手助けをしたのである。

†ジム・クロウの法的影響

南北戦争後の再建期に始まった黒人の公民権に対する侵害は、北部と南部の境界州においても次第に広がっていった。公共施設から輸送機関まで、日常生活のあらゆる側面に人種隔離が実行されていったのだ。そして、これらの広範囲かつ組織的な隔離政策は、やがて「ジム・クロウ」という言葉で知られるようになった。ジム・クロウとは、前章で触れた一八四〇年代と一八五〇年代に非常に人気があった「ミンストレル・ショー」で、白人俳優トーマス・〝ダディ〟・ライスが、黒焦げのコルクで顔を塗りたくり、「ジャンプ・ジム・クロウ」という歌にあわせて踊るひょうきんな踊りで人気を博した「ジム・クロウ」というキャラクターが語源である。愚かで無知で役立たずな黒人というステレオタイプのイメージを、この滑稽なキャラクターは白人聴衆たちのあいだにさらに植えつけることにもなった。日常生活で黒人を間近に見たことのない白人たちは、ジム・クロウがすなわち典型的な黒人であるという既成概念を頭の中に作り出していった。

「ジム・クロウ」と呼ばれる「制度」は、それ自体に実体があるのではなく、南部を中心に見られた法律規則と社会基準全般について包括的に言及する用語である。この場合の法律規制とは、州や郡、市町村レベルで人種隔離をする規則と条例をさす。具体的には、公立学校、病院、待合室、電話ボックス、レストランにおける白人と黒人の隔離された「平等な」座席配置として実行された。南部白人の親たちは、自分の子どもたちが黒人の子どもと隣同士の席に座ることを避けるのに必死だった。そのために、通学する学校そのものを別々にすることに最大の努力を払った。

また、南部の白人にとって、レストランで同じテーブルや隣の席に黒人がいることは許せず、黒人のそばに座ることを拒んだ。しかし、最も社会的問題となったのは、公共輸送機関である電車、路面電車、バスを利用する際であった。今までプランテーションに閉じ込められていた黒人が、やがて小さな町や都市へと引っ越しはじめると、そこで公共輸送機関の問題が浮上したのだ。複数の車両を持つ電車では、白人用車両と黒人用車両を分けることは可能であったが、路面電車とバスでは無理であったし、白人・黒人専用車を走らせることは不経済だった。となると、同じ車両内で座席を前後に分けるしか手立てはなかった。

ジム・クロウの第二の法的な影響は、州や地方自治体での黒人の投票権を実質剝奪してしまった点にあった。一八七〇年に保障されたすべての市民に対する投票の権利も、投票税や識字テストを課すことによって、黒人から実質的に奪ってしまった。投票に関しては、巧妙な手口が使われた。投票前に登録をする必要があったが、州によっては、申込み用紙への記入が求められた。白人は記入する際に手助けがあったり、支援の手がさしのべられたりしたが、黒人に対してはなく、どんなにわずかな間違いでも、誤記された登録票は無効であった。さらに投票会場の監視員は、常に白人が担当し、厳しくかつ恣意的だった。

人種隔離により黒人専用とされた映画館（1939年）（アメリカ議会図書館蔵）

次のような極端な例もある。ある黒人の登録者は、監視員から米国憲法を手渡され特定の条項について解釈を述べるように申し渡された。白人・黒人を問わず、難解な法律用語を理解して解釈することを求めるのは無理難題である。また、次のような話も伝えられている。ある黒人が投票登録に行くと、中国語で書かれた新聞を手渡された。記録係が「なんと書かれてあるかわかるか」と聞いた。その黒人は「へえ、読めます。黒人は投票できねえって書いてあります」と答えたという。このような、皮肉たっぷりの逸話が言い伝えられていること自体に、当時の黒人に対する理不尽な「制度」の実態と、彼らの憤懣やるかたない思いが伝わってくる。

南部諸州は、州憲法を変えることによって黒人から選挙権を剥奪することもできると判断した。最初に実施したのはミシシッピ州であった。一八九〇年のミシシッピでは、黒人の投票権を剥奪する目的で州憲法の改正を可決した。連邦政府がとくに口出ししなかったことから、南部の他の州も州憲法改正のためのモデルケースを提示されたと解釈した。

ルイジアナ州では、一八九八年に憲法制定会議を招集した。一八九七年一月一日には、一三万三四四人の黒人有権者と一六万四〇八八人の白人有権者がいたのが、一九〇〇年三月一七日に州憲法修正後、黒人有権者は五三二〇人にまで激減した一方、白人有権者は一二万五四三七人であった。

このように南部再建期当初、黒人の権利回復は大幅に進んだかのように見えたが、一八九〇年代になると一転して南部諸州の州憲法の修正を通じて、黒人は投票権を剥奪され政治に参加することを拒まれてしまった。この趨勢に歯止めをかけようとする白人はいなかった。

ジム・クロウの第三の法的な影響は、法律がいつどのように実施されるかという点にあった。

基本的に、法律は白人を保護するためのもので、黒人を保護するためには実施されなかった。白人と黒人間の訴訟事件では、ほぼ間違いなく白人が勝訴し、黒人間の犯罪は、調査も行われず放置された。今の時代からすると理解しがたいが、黒人は法のもとでの平等な保護を受ける資格はないと見なされていた。そもそも、奴隷制度の下では、黒人は一人前に扱われず、白人一人に対して五分の三人として数えられていたことからすればまだましである、とでもいうかのように、黒人の権利については奴隷時代に近い状況にまで引き戻されていた。

†黒人に科せられたタブー

南部黒人への抑圧は、法的抑制に社会的な規制が付随したかたちで実行された。それは、奴隷時代に実施されていた屈辱的な風習の復活ととらえればわかりやすい。規範は明文化されたものではなく、日々の経験を通して教えられ、学ばされた。白人の両親は、自分の子どもたちに規制を実施するように仕込み、黒人の両親は、規制を破らないように自分の子どもたちを教育した。「ルール違反」をしてしまうと、強い叱責を受けるか、体罰を受けることを事前に教えておく必要があったのだ。具体的な例を挙げてみよう。

第一のタブーは、名前に関して。黒人は白人男性に対しては「ミスター・ジョーンズ」(Mr. Jones)、女性には「ミス・メレディス」(Miss Meredith) のように必ず敬称で呼ぶこと。そして、黒人は白人から話しかけられない限り、むやみにしゃべりかけてはならない。質問されたときに応えればよい。そして受け応えるときには、必ず「イエス、サー」(Yes, sir.)、「ノー、マム」(No, ma'am.) のように言う。黒人が相手の白人の男性を知らない場合は、「ボス」(boss) または「キャプン(キャプテン)」(cap'n) と言うが、これは奴隷制時代に男性の奴隷所有者に対して使われた「マッサ(マスター)」を引きついだ表現だといえる。対照的に、白人は黒人に対して敬称を使うことは皆無であった。白人は、常に見下したように黒人を名前で呼んだ。一般的に黒人男性は成人であっても「ボーイ」(boy) であり、女性は「ガール」(girl) または「ギャル」(gal) であった。よく知った高齢の男性には「アンクル」(uncle)、女性には「アーント」(aunt) が使われた。

第二に、黒人は日常の振る舞いにおいても常に白人に対して敬意を示すことが求められた。黒人が白人と話すときには、黒人は帽子を脱いで、尊敬の証として帽子を両手で前に持つことになっていた。一方、白人は黒人の家に入ったときでさえ帽子はかぶったままであった。また、黒人が反対方向から歩いてくる白人と通りで遭遇したときには、白人が通りすぎるまで歩道から踏み出して車道を歩いた。そうすることによって、白人と接触するのを避けることができる。とくに、その場に白人女性がいるときは緊張した。万に一つでも白人女性に触れることなどないように、事前に察知し、通りの反対側に渡って歩くという安全策を講じたのだ。

第三には、白人女性が黒人男性と関係を持つことを白人男性は極端に嫌ったため、そのようなことが起こらないように細心の注意を払った。白人女性が近づくと黒人男性は、一切関心がないという証拠を示すために目をそむけた。偶然に目が合ってしまったときでさえ、白人男性から都合のいいように解釈されてしまうこともあったからだ。これは、白人男性が黒人女性に行ってきたこととは対照的であった。

第四のタブーは、黒人と白人が座席をともにすることであった。この状況が起こるのは、公共輸送機関と食事をするテーブルであった。とくに黒人と白人が同じテーブルで、同じ一つの皿から食事をともにすることは、白人にとって完全な平等を意味することととらえられ、あってはならないことであった。この問題を解決するためには、別の部屋で食べるか、または大きな部屋の違う場所で食べるかしかなかった。

映画『ドライビング Miss デイジー』(*Driving Miss Daisy*)では、黒人の運転手ホークが台所のテーブルで一人で食べ、白人女性のデイジーが別の部屋で一人食事をしている場面を映し出す。映画のそのワンシーンから、ホークにもデイジーにも一緒に食事をするという発想がないことがうかがえる。

また、映画『ミシシッピ・バーニング』(*Mississippi Burning*)には、白人のＦＢＩ捜査官が、故意にカフェの黒人の隣の席に座ることによってタブーを破り、周囲の地元客を驚かせるシーンがある。当時は、レストランは「白人のみ、黒人お断り」で、黒人の客はカフェの裏口に行ってテイクアウトを受け取っていたのであろう。そのほうが事実に近いし、この習慣は南部では一九六〇年代初期までごく当たり前に行われていた。

以上のタブーに加えて、経済面でのジム・クロウの重要な社会的慣習として、黒人は一年契約で働いていた白人地主の土地では、なんといわれても従うしかなかったという事実がある。前章で触れた「ファーニッシング」制度のもとでは、黒人小作人はクレジット払いで収穫時には食物と衣類の割当てを受けていた。白人地主は帳簿に毎月の料金（利子付き）を記録し、収穫で得た分から差し引いた。綿の収穫量を計算するときに、ずるがしこい白人地主のなかには、帳簿を適当に操作して必要以上に取り立てることもあった。

たとえ黒人小作人が読み書きができ、計算もできたとしても、白人地主の計算に疑問を投げかけることが、いかに危険な行為であるかは熟知していた。したがって、だまされていることが明白だったとしても、そのことを指摘でもすれば、それは「生意気」であり、礼を失する行為と見なされ、仕事そのものに影響が出てくることは経験上すぐにわかった。

ジム・クロウ下でのエチケットには、どんなに勤勉で倹約家で成功したとしても、決してそれをひけらかしてはならないということも含まれた。たとえ現金を持っていたとしても、黒人が立派な服を着ていたり、車を乗り回したり、ラバの代わりに馬を農園で飼っていたりすると、それをねたんだ白人の襲撃に遭うことになる。

一例を挙げるなら、黒人文学の先駆者である作家のリチャード・ライトのおじのサイラス・ホスキンズは、地元の製材所で黒人の労働者を相手にサルーン（酒場）を経営し成功していたが、成功したがゆえに白人の凶弾に倒れた。残されたホスキンズの妻は、夫の死に目にも会えないまま、その夜のうちに荷物をまとめて子どもたちとともに町を出た。夫の残した資産でも請求しようものなら、遺族の命さえも狙われる可能性が高いことを家族は十分に理解していたのである。

†「科学的」人種論

白人の優越性を証明するためには、ありとあらゆる手段が講じられた。ある者は聖書から引用し、奴隷制度やジム・クロウを正当化した。また、科学者たちもそれぞれの立場から人種的な優劣を説いた。欧米の帝国主義もまた人種のステレオタイプ化に加担した。また白人以外の人種はすべて劣っているので、白人が未開の地に住む人びとを監督し、統治する必要があるという論理がまかり通った。

アメリカの社会科学では、社会的進化論が幅をきかせていた。ダーウィン自身は人種の優劣については積極的に主張はしていないが、社会的進化論では人類を異なるエスニック集団に分類しランクづけをするという作業を行った。さらに優生学においては、気色悪いことに「好ましい」エスニック集団間の選択的な異種混交まで提案した。

ジム・クロウや童話『ちびくろサンボ』にあるような否定的な固定観念を持っていた白人にとって、「科学的」人種論は大いに役立った。一八九〇年代の研究では、頭のサイズ、鼻の形、額の角度などの身体的測定をもとに、白人は黒人より優れていると報告した。さらに、黒人は怠惰で、不正直で、単純労働以外の仕事には向いていないとのステレオタイプを「学問的に」支持した。当時、政府の主要人物の一人で影響力のあったフレデリック・L・ホフマン著『人種的特徴とアメリカのニグロの特徴』(*The Race Traits and Tendencies of the American Negro*)の中では、黒人の高い死亡率は生得的な人種的特徴によると結論づけている。これらの現在では否定されている「科学的証拠」は、保険会社が黒人を保険の対象としないといったところにまで影響を与えた。

†ジム・クロウの執行

ジム・クロウの法的、社会的な慣習は、一八七〇年代から一九五〇年代の長きにわたって、おもに南部の、また、その他の地域においても、黒人が日常どのように振る舞えば安全であるのかの境界線を示した。黒人の生命保障と安寧は、この境界線のどちら側にいるかを把握することにかかっていた。

行政面では、白人は州と地方の法令でジム・クロウの制度を実施した。すべては白人の法務官、白人の裁判官、白人の陪審員によって決められた。また、経済力においても白人支配は歴然としていた。少しでも独断的な態度を見せた黒人の小作人は、多くが土地から追放されたし、白人の不正義に対して真っ向から反発すれば職を失うことは火を見るより明らかであった。さらに、黒人は銀行でローンを組むことができなかったので、商品と器材をそろえるために致し方なく白人の「パトロン」に依存した。

法的、経済的な無力さだけでは物足りなかったのか、黒人に対するジム・クロウは、超法規的な暴力によっても執行された。KKKは一八七〇年代前半までに規制されたが、白人の自警団組織は消えることなく、引き続き黒人に何が許容され、何がされないのかを伝えるために団結を強めていた。暴力は、資産の破壊、家や収穫物、動物、納屋、農機具を含めた焼き討ちといったかたちで実行された。個人にも危害は及んだ。屈辱を与える、暴言といった精神的暴力や、強姦、指の切断などの身体的な暴力は、さまざまなかたちで行われた。最悪のケースは、リンチであった。白人の黒人に対する非寛容性を究極のかたちであらわす拷問と絞首刑。黒人に対してはあまりに強すぎるメッセージであった。

†一八八〇年代から一九二〇年代のリンチ

「ナイト・ライダーズ」として知られた白人のテロリスト集団は、黒人の農民がささやかな成功をおさめていたミシシッピデルタ地域で活発な動きをした。この集団は、闇夜に紛れて黒人を拷問し、納屋を燃やし、収穫物を荒らし、家に銃弾を撃ち込んだ。

何よりも、このような行為は、ミシシッピ州が黒人をリンチにかける州であるという悪名を、全米にとどろかせてしまった。一八八〇年代後半までに、リンチはミシシッピデルタの自警団員の活動の中心となり、その犠牲者は、人種差別に異議を唱えたと目された若い黒人たちであった。少なくとも白人農園主のもとで従順に働いていた黒人小作人たちは、自警団員たちの無慈悲な暴力の標的となることからは逃れられた。農園の収穫高に直接影響を与えてしまうというのがその理由だ。しかし有名なブルース・ミュージシャンであるロバート・ジョンソンの歌「ヘルハウンド・オン・マイ・トレイル」(Hellhound on my Trail) では、そんな黒人小作人たちの恐怖が表現されている。

初期のリンチは、夜陰に乗じて実行され、一九世紀末までには、南部のリンチは大っぴらに行われる、さらに恐ろしいものになっていた。その意味で、ジョージア州のサム・ホーズに対するリンチは数あるリンチの事例のほんの一例にすぎないが、かなりひどい部類に入る。

一八九九年四月に、サム・ホーズという名の黒人労働者は、賃金に関する苦情と六〇キロ離れたところで病床に伏している母を見舞うために休暇の許可を願い出た。雇い主は、どちらの要請も拒否した。サムは、そのことに対してあからさまに口答えしてしまった。翌日、雇い主は銃を片手にサムの前に現れた。このままでは殺されると思ったサムは、斧を投げつけて、逆に雇い主を殺してしまった。正当防衛であったとはいえ、この行為が何を意味するかについてサムはわかっていたので、その場から逃げ去った。事件を知った州当局は、サムをくまなく探すことに全力を注ぎ、メディアもそのことを大々的に報道した。そして、一〇日後、サムはジョージア州ニューナンの小さな町で捕らえられ投獄された。逮捕の知らせは住民たちに野火のごとく広がり、処刑計画がまた大きく報道され、州全体からその様子を見るために野次馬たちが結集した。アトランタからの特別列車までが手配されたという。

処刑の日の日曜日の正午までに、二〇〇〇人以上がニューナンの広場に集まった。この祝賀気分のなか、家族総出でやってきた者たちも少なくなかった。このような状況に異論を唱え、まずは法廷での裁きを受けるようにすべきだと主張する者もいたが、群衆にまったく耳を傾ける様子はなかった。群衆は刑務所から連れ出されたサムに、一斉に視線を浴びせた。サムは服を脱がされ全裸にされると、小さな木に縛り付けられた。足元には薪が置かれ灯油がかけられ、サム自身にも灯油がかけられた。リンチの扇動者の一人が、サムの片方の耳を、そしてもう一人が指と性器を切り取り、さらにほかの一人がサムの顔の外皮をはいだ。そして、薪に火がつけられた。残された遺体の一部は切り刻まれ、「お土産」として処理された。群集心理とはいえ、なぜこのような「見世物リンチ」が平然と執行されたのか、人間の心の奥に潜む暴虐さの極みといってよいだろう。

サム・ホーズのリンチに関わった容疑者の氏名は、新聞で広く報道もされた。しかし、容疑者の誰一人として拘留も逮捕もされることはなかったばかりか、尋問を受けることもなかった。連邦司法長官がリンチ事件に関しての捜査を命ずる意思があるかどうかを尋ねられると、長官は、連邦政府は一切関与しないと答えた。すなわち、連邦政府は州政府にすべて任せ、知らぬ存ぜぬを貫く姿勢を決め込んだのである。

サム・ホーズ事件のような集団暴行に、法的な歯止めがかからないことを知った黒人たちは恐怖心を募らせた。集団リンチの目的は、黒人がジム・クロウに反すると、どのような目に遭うのかを見せしめにし、警告することにあった。地元保安官は黒人に対する犯罪をほとんど無視し、黙認していた。法廷は犯人を起訴することもなく、検死官はといえば、単に「不明の一団による殺害」と報告しただけだった。あらゆる法的保護を黒人たちは期待することができなかった。

白人は、無防備な黒人に対して、罪を問われることなく集団で暴力を働くことができた。たとえ白人による暴力行為が目撃されたとしても、白人であるという理由だけで、咎めたり警察に通報したりする者はいなかった。確定的な統計数値はないが、タスキーギ・インスティテュートのアーカイブによると、一八九〇～一九〇三年にかけて、一八八九件のリンチが合衆国全体であったとされている。そのうち、一四〇五人が黒人を対象としたリンチであった。その約七〇～八〇パーセントが南部で起こったと推定される。また、別の推計では、一八八九～一九三二年にかけて、約三七〇〇人が全米でリンチにかけられ、その八五パーセント以上が南部で起こったとされている。

黒人の女性ジャーナリストのアイダ・B・ウェルズ＝バーネットは、リンチの真実とその原因を世に明らかにするために奔走した。しかし、ほとんどの大手報道機関に相手にされなかった。ウェルズは、ひるむことなく、リンチに関する神話を崩すことに尽力した。白人経営の新聞は、リンチは黒人の犯罪行為に起因する、具体的には黒人男性が白人女性を襲って強姦したことが原因であると主張した。

ウェルズは、ミシシッピでの黒人男性に対するリンチに関して、新聞の社説をもとに調査分析し、強姦が原因とされた場合も、その圧倒的多数が実は白人女性と黒人男性の合意のもとでの関係であったとしている。強姦容疑は、黒人男性に対する白人男性の暴力を隠蔽するためであると彼女は反論し、この著作の出版がもとで南部を追放されることになった。しかし、彼女は北部で引き続き活動し、『南部の恐怖――リンチ法、その全貌』（*Southern Horrors: Lynch Law in All Its Phases*）というタイトルのパンフレットを一八九二年に出版した。

†教育面での削減

南部再建以降、黒人学校の焼き討ち、黒人学生と教師への暴力行為といったあからさまな暴力行為が連続した。しかし、これらの目に見える圧力のほかにも、制度面において公立学校での教育を受ける権利が削減されていった。

この教育的機会の削減は、黒人だけでなく、エリートではない白人の子どもにも悪影響を与えた。そして、北部の南部に対する姿勢が「改革」から「調停」へと方向転換することによって、黒人の児童生徒に対する教育的機会の削減は決定的になった。連邦政府の南部への干渉がなくなることによって、南部の自己決定権が増大し、そのことによって南部諸州の政府は、地元自治体に対して学校設立、教師の給与体系、教育にかかる学用品などの予算配分を直接指揮することになった。

南部黒人の選挙権が剝奪されはじめると、学校教師の選択と給料についての教育委員会の決定に黒人は関わることができなくなっていった。その結果、黒人児童生徒一人当たりの支出は白人のそれよりも落ち込み、黒人教師の給料も白人の学校教師よりも下回り、授業日数もまた減っていった。歴史家のレオン・F・リトワックは、一九〇〇年当時、ミシシッピ州の全児童数の約六割は黒人児童であったが、予算配分は二割に満たなかったと記している。教育予算は、黒人白人を問わず等しく徴収された税金が財源になっているわけであるから、この配分比率は不平等なものであった。

先述した黒人教育者・社会活動家のW・E・B・デュボイスが、一九〇一年に南部黒人児童の状況について調査を開始した当時、それはかなりひどいものであった。第一に、学校施設そのものが圧倒的に不足していたために、大多数の学齢期の黒人児童たちは学校で学んでいなかった。第二に、黒人教師の賃金が非常に低く、教育の質も低かった。第三に、学校が授業を行っているのは三か月からせいぜい半年であった。要するに、子どもたちは農園労働者として白人の利益のために働く存在であり、教育はまったく重要視されていなかったのだ。集約的労働に必要とされる低賃金労働者を安定的に確保するためには、黒人児童には教育は必要でなかったばかりか、へたに教養を身につけられてしまうと、低賃金労働者の確保そのものに悪影響を及ぼすことが容易に想定された。黒人の学校教育は、白人にとって不要なものであったのである。

†浮浪、賃貸囚人、新奴隷制度

白人のいいなりになって働くことから解放されることを求めた黒人のなかには、南部の外れの小さな町に移住し、正当に賃金を受け取ることのできる職を求める者たちもいた。すでに見てきたように、高賃金を受け取ることのできる職からは黒人は除外されていた。しかし、例外もあった。

一つは、ミシシッピ州北西部のデルタ地方での労働だった。非常に過酷な労働環境ではあったが、ミシシッピ川氾濫を防ぐために堤防を建設したり、川沿いの原生林を伐採したりして、世界でも有数の肥沃な綿花栽培耕地の開拓に関わった黒人たちは、一八八六年に完成するまで正規の賃金を受け取ることができた。もう一つの例外は、石炭と林業に関わる労働だった。一八七〇年当時、南部の材木生産量は全米のおよそ一一パーセントだったのが、一九一〇年には四五パーセントにまで跳ね上がった。これには、黒人の貢献が大きかった。さらに、例外的に賃金が高かったのは鉄道敷設、とくにウェストバージニア州のトンネルの掘削に関わる労働であった。よく歌に歌われる伝説的な人物ジョン・ヘンリーは鉄道キャンプでの労働から生まれた。体が大きく逞(たくま)しいとされたジョン・ヘンリーは黒人労働者たちの英雄的シンボルとして、歌以外に小説や演劇にもしばしば登場する。

しかし労働は基本的に低賃金で、なかには支払われないものまであった。ジャーナリストのダグラス・A・ブラックモンが説得力を持って名づけたように「新奴隷制度」と称することができるような状況は、ジム・クロウの環境下で根を張りつつあった。南部各州では、黒人を元の奴隷制度に戻すような動きがさまざまな形態で形作られつつあった。

「放浪」(vagrancy)と南部州議会が一九世紀後半まで呼んでいた行為は、犠牲者が出るような犯罪行為を指すものではなかった。黒人男性または女性が失業状態にあるとき、それが「放浪」と称され、罪と見なされたのだ。気まぐれに地元の保安官によって放浪者扱いされると、市長のお墨付きで「放浪」が確定することになる。その対象は、ほとんどの場合が黒人男性であった。有罪が確定した黒人男性は、三〇日の労働が科された。監禁中にかかるさまざまな「料金」は、当然払えないので、その代わりにさらに労働を強いられて、一か月が最大一年にまで延期される。その背景には、当時の南部では、保安官、判事などに定期的な給与の支払いがなかったということがある。そのために、「放浪」によって少しでも多くの黒人を逮捕し報酬としたのだ。

すなわち、「逮捕」された黒人男性は、失業中であるだけでいっさいの犯罪も犯していなかったが、逮捕されたのだ。そして収監はごく短期間にとどまり、すぐに「受刑者」にかかる「料金」を肩代わりすることを条件に、個人または会社が労働力として「犯罪者」をリースして労役を強いるというシステムであった。これは「受刑者賃貸制度」と呼ばれた。『風と共に去りぬ』には、スカーレット・オハラが材木工場を経営するために賃貸された囚人労働者を利用し、現場監督に責任を持たせるところが描かれている。

容易に想像されることであるが、この「受刑者賃貸制度」は、地主たちには使い勝手のよい制度であった。これは、地元の地主が綿の収穫に労働者を必要としたとき、あるいは、鉱山、鉄道、採石場、製造工場、材木工場等々で労働力が必要とされたとき、需要にあわせて黒人男性を「逮捕」し労働力を買う仕組みであった。すなわち、これはかたちを変えた奴隷制度であったのである。

旧来の奴隷制度のもとでは、白人の奴隷所有者にとって、奴隷は資産であり貴重な労働力であった。しかし、この新制度のもとでは、労働者を保護する必要はなかった。保安官は受刑労働者の扱われ方には関心はなかったし、病気や栄養失調に陥っても、負傷しても、それは役立たずの労働力ということで、労働者は病気になっても、雇い人次第では治療も受けられないまま放置された。

これらの囚人は、逃亡を未然に防ぐために夜間は柵または独房で収監されるか鎖でつながれ、武装した警備員に監視されており、病に伏せたり、けがをしたりしても十分な治療を受けることはできず、栄養も不十分であった。しかし、たとえ病気、事故、栄養失調または殺人で命を落とすことがあっても、賃貸者はまったくその責任を負わされることはなかった。逆に、受刑者が逃亡した場合は、捕らえられて重労働を科され、さらに長期間にわたって労役に従事することになった。保安官、法廷裁判官と雇い主との協力体制のもと、「受刑者」としての黒人労働者がシステムの網から漏れることがないように最善の注意が払われた。

ごく最近まで、この「新奴隷制度」に対する関心は低かった。過去の不快な出来事を隠蔽し忘却の彼方に葬り去りたいという白人側の願望がそうさせてきたのかもしれない。しかし、ブラックモンやほかのジャーナリスト、研究者が「新奴隷制度」について検証しはじめ、次第に事実が明るみに出つつある。現代の大企業のなかにも、その前任者たちが、この非自発的な、無報酬の、基本的に奴隷労働ともいうべき労働力を最大限に利用して利潤を上げていたものがあるという確たる証拠がある。大プランテーションはいうまでもなく、鉄道、炭鉱、製鉄所、工場経営者の中にこの制度を利用して儲けた者たちが少なからずいた。一八六五年以前の奴隷制度に限らず、新奴隷制度をめぐって、何らかの賠償金の支払いを要求する運動も起こっている。その要求の矛先は、後述するようにこれらの企業から莫大な寄付金を集めたアイビー・リーグの大学にも向けられている。

†パーチマン農場

南北戦争の主戦場は南部だったため、南部各州のインフラは壊滅的な打撃を受けた。そして地主が投資した「資本」すなわち奴隷は、解放されることにより失われた。そのために州刑務所も含めた公共施設の再建資金もなかった。刑務所が足りず、また南部白人は再建期終盤に黒人に対する影響力を回復しようとつとめたため、先述の「受刑者賃貸制度」をさかんに活用した。

そんななか個人や企業による受刑者労働の制度に異論を唱えた人物がいた。ミシシッピ州のジェームス・K・バーダマンである。バーダマンの刑事制度改革提案は、黒人に対する長年の虐待を検証したうえで、黒人労働者に労働の意義を教え、市場が求める技術を伝授して、受刑期間を終える頃には生産的な社会人として復帰させるべきであるというものだった。「生産的」という言葉は、黒人に教育を施して読み書きができるようにすることは意味していなかった。バーダマンは、教育はむしろ黒人労働者にとって逆効果であるとさえ思っていた。その代わりに、黒人の受刑者には生産能力を高めるための職業訓練を提供すべきだと考えていた。すなわち、バーダマンは社会正義でもって異論を唱えたというよりは、黒人に対する社会的な統制を維持することに関心があったのである。それでも、その提案は、当時としてはかなり斬新な考えであった。

バーダマンは一九〇四年にはミシシッピ州知事になり、州内の刑務所に服役している受刑者を州政府直営の農場で労働させ、州のために収益を生み出すことに尽力させることを提案した。そのうえで、個人または民間企業への受刑者の賃貸は許さないとした。パーチマン農場といくつかの州直営農場において、すべて自給自足するようにしたこの制度は、奴隷に対する体罰などの点においても、かつてのプランテーション経営と基本的には変わりはなかった。しかし、極端に受刑者に体罰を与えることは貴重な資源の消耗にもつながるため、体罰の使用は極力制限された。

パーチマン農場は、一九〇六年に経営が開始され、農地面積は一万五〇〇〇エーカー（約六〇〇〇ヘクタール）にまで及んだ。そして、材木と綿の生産を通して州のために収益を生み出した。開始から一九三三年に至るまでのあいだ、ほかの刑務所が赤字を増やしていったなかで、パーチマン農場と他の州直営の農場は利益をあげ州財政を助けた。その功績から、パーチマン農場は「ミスター・バーダマンの農場」とも呼ばれるようになった。

†プレッシー対ファーガソン訴訟

連邦議会による南部再建は、これまで見てきたように、ジム・クロウの下では明らかに機能しなくなっていった。南部の白人たちは黒人に対する優越性を回復することに躍起になっていた。そして、黒人の移動の自由を制限し、極力自分たちの配下に置き従わせようとつとめた。しかし、それでも一八九〇年代までは、南部黒人は連邦政府に対して自らの権利を守るため、合衆国憲法とその修正条項に照らし、抵抗を主張することは可能であった。ところが、一八九六年の連邦最高裁の判決が事態を急変させた。

南部の人種隔離法の最初の波は、一八八七〜九一年にかけて列車の乗車に関連するものであった。その中でも最も重要なものは、ルイジアナで可決された法律「隔離列車法案」であり、これはジム・クロウの習慣を列車の乗車区分に当てはめようとした法案だった。一八九〇年にルイジアナ州の議会で可決されたこの「分離すれども平等」な法律は、白人専用車と黒人専用車に分けるものであった。それを取り仕切るのは車掌で、違法行為をしている乗客は厳しく取り締まられた。

この一八九〇年の州法について、合衆国憲法修正第一四条に反することを盾にニューオーリンズのアフリカ系アメリカ人たちが、その違法性を法廷で問いただすことにした。この提訴に関わった黒人側の運動家たちは、上級裁判所に提訴すれば、州法は明らかに廃止されるだろうと踏んでいた。

その楽観的な観測には、それなりの理由があった。南部の中でもニューオーリンズは、黒人の地位が異なっていたのだ。つまり、ほかの南部の地域と比べて昔から自由黒人が多かった。一八〇三年の「ルイジアナ購入」後も自由黒人は増加し、米国が一八〇五年に州ではない行政区画のルイジアナ準州を獲得したときには、一八〇〇人以上の自由黒人が領域内に居住していた。ルイジアナ在住の黒人の三七パーセント以上が自由黒人であった計算になる。そして、「ムラトー」と呼ばれる二分の一混血、さらに「クアドルーン」（四分の一）、「オクトルーン」（八分の一）など混血の自由黒人がかなりの割合で居住していた。オクトルーンになると、ほとんど見た目は白人で、教育を受けた者も多く、本人たちもほかの黒人たちを見下し、むしろ白人としてのアイデンティティのほうが強かった。

しかし、この「隔離列車法案」の導入で、白人の仲間入りをしていたと思っていた教養ある混血のアフリカ系アメリカ人は、黒人側に引き戻されてしまった。そしてひどくプライドを傷つけられた。公共施設の利用の制限ならまだしも、その先に投票権さえ奪われるかもしれないという危機に直面することになった状況下では、黙って見ているわけにはいかない。そんななか、ルイジアナ州の法的不平等に対抗するために「プレッシー事件」の裁判が起こされた。

テスト・ケース（判例となる訴訟事件）のために駆り出されたのはホーマー・プレッシーという名の三〇歳の靴屋で働く男性であった。プレッシーが選ばれたのは、その外見によるものだった。八分の七が白人の血で、黒人の血はわずか八分の一であった。その容貌は誰が見てもアフリカ系ではなかった。身のこなしがそつなく、言葉巧みで、勤勉な白人であるように見えた。しかし、一八九二年六月、南ルイジアナで彼が白人車両に座ったことで問題となったのは、彼の体内に流れている八分の一のアフリカ系アメリカ人の血であった。プレッシーはその場で逮捕され、「平等の権利を求める協議会」に支えられた弁護団は、連邦最高裁まで四年の歳月を費やして問題解決のために戦った。それは列車の有色人種の席を設けたことだけに抗議していたわけではなかった。人種的に分類する制度の根幹にある、ジム・クロウ的社会が席巻することに歯止めをかけたかったのである。

残念なことに、平等の権利を求めた活動家による挑戦は、期待通りには進まなかった。上訴は連邦最高裁にいったが、一八九六年、判決は、ルイジアナでの出来事は、修正第一四条の法のもとでの平等に抵触するものではないとし、また、連邦政府は人種を空間的に混ぜることを強制することができないと結論づけた。連邦最高裁によるこの「分離すれども平等」の判決は、以降のアメリカの法的原理に決定的かつ広範囲にわたる影響を与えることになった。

ヘンリー・ブラウン判事は、白人と黒人を強制的に分離させることは、アフリカ系アメリカ人を劣等人種とすることにはならない。もしそうなるとしても、それは「単に有色人種がそのように自らを解釈している」からだと述べた。この判決によって州が鉄道車両を含む公共施設で人種別に隔離することは憲法違反ではなくなった。しかし、すべてが「分離」されたが、明らかに「平等」ではなかった。実際は、黒人が利用する宿泊施設や公共施設は、白人のそれよりも、はるかに質が劣っていた。

この判決は、南北戦争再建期のアフリカ系アメリカ人に対する法的権利の拡張と憲法修正第一四条の目指したものを一八〇度ひっくり返すことになった。要するに、連邦政府がジム・クロウを認め、アフリカ系アメリカ人を二級市民へとおとしめ、白人と同じ機会は与えないことを公式に承認したということである。具体的には、黒人の子どもたちと白人の子どもたちのために別々の公立学校を作ったり、質の低い施設や教師を黒人小学校に回し、高等教育への希望を断ち切るということを意味した。

「分離すれども平等」は州によっては、かなり極端に解釈され実行された。たとえば、白人の学校で使われる教科書と黒人の学校で使われる教科書が別々の倉庫に保管された州があった。劇場では、仮に黒人の入場が許されてもバルコニーに別途設けられた座席にしか座ることができず、「黒人の天国」などと揶揄(やゆ)された。劇場によっては、入場券購入の窓口も白人と黒人別々であるところもあった。また、法廷で証言する際に、真実を語ることを誓うときに手をかざす聖書が白人用と黒人用に分かれているところもあった。これらはおもに南部に見られる現象ではあったが、連邦政府機関のあるワシントンDCで、最も多くの黒人が勤める米国連邦財務省と郵政省においてでさえ、トイレは黒人用と白人用に分かれていた。しかも、郵政省の場合、黒人用のトイレは八階建てのビルに一つあるのみだった。そのほかにも、孤児院、病院、墓地、公園などでは黒人用と白人用が別々にあり、衣料店でも黒人女性は試着室の利用が許されなかった。

一八八〇年代までには、列車や劇場のような公共の場での分離は、ごく当たり前になっていた。一九〇〇年代に入り、分離が実施されていない境界領域は、路面電車、そして後にバスだった。それは、列車のように車両ごとで分離することができない一両編成の乗り物であるからだ。この見えないカラー・ラインは、半世紀以上後にアラバマ州モンゴメリーでローザ・パークスが黒人席への移動を拒否したことによって起こった「バス・ボイコット事件」（第5章参照）が起きるまで、論議されたが、未解決のまま放置されていた。

「ジム・クロウ」あるいは一八九六年の「分離すれども平等」判決、いずれにしても、こういった状況は六〇年後の一九五四年に、カンザス州の公立小学校をめぐるブラウン対トピーカ教育委員会事件（第5章参照）で連邦最高裁が違憲の判決を出すまで、南部諸州における行動原理となっていた。

†ブッカー・T・ワシントン

一八九五年、おそらくアメリカで最も良く知られた元奴隷であったフレデリック・ダグラスが世を去った。その同じ年の九月一八日に、タスキーギ・インスティテュートの学長であり創設者でもあったブッカー・T・ワシントンは、ジョージア州アトランタにおいて開催された全米綿花見本市においての演説で、ダグラスに勝るとも劣らないほどに名をとどろかせることになった。黒人は、経済的に自立しなければ認められない、また、白人の求めに応じながらも、自らの職業上の技術向上や基礎的な教育の基盤を固めていく必要があると、ワシントンは演説のなかで説いた。つまり、白人と協調しながら次第に黒人の地位向上を目指すという立場を強調した。

そして、そのためには当座は政治的な権力は白人に任せておいて、技術を身につけるために職業教育をしっかりと行う必要があると主張したのである。ワシントンは、白人と黒人は社会的に分離していてもかまわないが、白人は黒人にも経済的機会を与えるべきであると述べた。最もよく引用されるワシントンの言葉のなかに次のような一節がある。

ブッカー・T・ワシントン（アメリカ議会図書館蔵）

すべての社会的なことにおいて、われわれ

黒人と白人は、指のように分かれている。しかし、手として機能するためには、それぞれの指が互いに助け合っていかねばならない。

見本市でこの演説を聴いた南部の白人たちは、政治や法律のことには口出しをせずに、仕事場ではしっかりと働いてくれる黒人がいるということを知った。また、黒人と白人が社会的に分離した状況を認めることについても評価した。一方、黒人のなかにも、ワシントンの演説を歓迎する声が聞かれた。教育と経済的な機会が与えられるのであれば、少々のことは我慢しよう、そう思ったに違いない。

アフリカ系アメリカ人のために看護、教職、農業と商業のキャリアを身につけさせる目的で、一八六八年にバージニア州に創立されたハンプトン・インスティテュートをモデルに、アラバマ州タスキーギに設立された委員会は、自分たちの町に学校を創設することにした。

そして、その初代の学長にブッカー・T・ワシントンを選んだ。ワシントンは一八八一年六月に小さな町タスキーギに到着し、授業はアメリカの独立記念日である七月四日に始まった。第一期生はわずか三〇人で、十代から中年の成人まで幅広い年代で、学力も、かろうじて読み書きができる程度の学生から、地方の黒人学校ですでに教師をしている者まで多様だった。

そのような創設時の状況ではあったが、タスキーギ・インスティテュートは、やがてめざましい発展を遂げてゆく。一九〇〇年までには、学生数は一四〇〇人に増え、教員も一〇〇人に達した。タスキーギは、教育機関であると同時に自らの農場、製材所、煉瓦工場、印刷所などを持つ企業体でもあった。現在は、タスキーギ大学と名称が変わり、およそ三〇〇〇人の学生が通っている。ハンプトン大学とともに、「歴史的黒人大学」と称される有名校になっている。

このような地方の黒人教育機関が伝統校として成長するにいたった背景には、ワシントンの初代学長としてのたゆまぬ努力と人脈があった。ワシントンは優秀な学生をリクルートするためにさまざまなところで講演し、寄付を募った。カーネギー財団から六〇万ドルを獲得するなど、大きな功績を挙げた。白人は、タスキーギの職業教育重視を歓迎し、その旗振り役であるワシントンは全米でも次第に名声をとどろかすようになっていった。

バージニア州の奴隷の母と身元不明の白人男性のあいだに一八五六年に生まれたワシントンは、一九〇一年に自叙伝『奴隷より立ち上がりて』を発表した。奴隷として生を享けた事実に対する怒りよりも、人生をありのままに受け入れ、忍耐と謙遜(けんそん)をもって生きてきたのが成功の鍵であるという彼の自叙伝は、全米でベストセラーになった。この本の出版は、一躍ワシントンを時の人とした。その「物わかりのよい」黒人教育者は、最も影響力のある黒人知識人として歓迎された。その影響力を象徴的に表したのが、一九〇一年一〇月に行われたホワイトハウスでのセオドア・ルーズベルト大統領との会食であった。当時、南部では黒人と白人が同じ席で食事をすることはタブーであり、当然、大統領に対する白人側の非難の声は強かった。それにもかかわらず大統領と夕食をともにしたということは、とりもなおさずワシントンの影響力がいかに大きかったかを証明する出来事であった。

W・E・B・デュボイス

ワシントンは綿花見本市で一躍名を成したが、「アトランタの妥協」と呼ばれた彼の演説を、快く思わなかった黒人も少なくなかった。それは、市民権を十分に回復せずに、妥協的姿勢を白人に示すことへの反感であった。そのように政治的、社会的平等の達成はひとまず置いておいて経済力をつけることに集中する方針に反対した黒人の中で、最も有名な人物は、W・E・B・デュボイスであろう。白人の黒人に対する憎むべき犯罪の数々を棚上げしたまま前へ進もうとするワシントンの態度に、デュボイスは容赦なく反論した。当時のアフリカ系アメリカ人を代表する二人の知識人の立場の違いは、黒人コミュニティの意見を二分した。

ワシントンの白人への歩み寄りの立場と一線を画したデュボイスを指導者として仰いだのは、若い黒人の知識人たちであった。彼は、白人こそが歩み寄るべきであると主張した。デュボイスはマサチューセッツに生まれ、ハーバード大学に進学して、卒業後はベルリン大学で学び、一八九五年にハーバードから博士号を取得した。アフリカ系アメリカ人としては第一号であった。

その後、一八九七年に黒人大学の名門校の一つとして知られるアトランタ大学で、社会学の教授になった。デュボイスは小説やノンフィクションで人種的不平等について忌憚のない意見を述べ、このことは、白人との妥協の立場をとっていたワシントンとのあいだに軋轢を生んだ。二人は新聞紙上や演説会において真っ向から対立し、アフリカ系アメリカ人社会は分断された。デュボイスは、ワシントンの妥協的姿勢との違いを明確にするために、一九〇五年に「ナイアガラ運動」を立ち上げ、ニューヨークのハーレムにおけるアフリカ系アメリカ人の文化再興運動である「ハーレム・ルネッサンス」の中心人物の一人となった。彼の活動は議論や社会的運動に限らず、一八九八年から一九〇四年にかけてアラバマ州において大規模な社会調査を実施し、南部黒人の置かれた惨憺たる状況を客観的な数値で世に示した。

W・E・B・デュボイス（アメリカ議会図書館蔵）

デュボイスの著作の中でもよく知られている『黒人のたましい』（*The Souls of Black Folk*）では、二〇世紀初頭のアメリカ社会で、アフリカ系アメリカ人がどのような状況下にあったかが克明に記されている。デュボイスは、「ベール」という言葉で比喩的に黒人の立場を表象する。それは、黒人と白人を切り離す境界線であり、黒人が見る白人世界でもある。また、著書の中でデュボイスは、ワシントンの主張である職業教育に集中すべきという態度は、結果的に黒人は怠惰で暴力的で知能が低いというステレオタイプを強化することになってしまうと主張した。同著は、黒人は自由と市民権獲得のための戦いに果敢に挑むべきであるという知的議論を俎上に載せただけでも、黒人の権利回復に貢献した作品であったといえるだろう。

さらに一九二四年に出版された『黒人の才能』(*The Gift of Black Folk*)では、「アメリカの成り立ちにおけるニグロ」と副題がつけられ、黒人が奴隷制度の犠牲になり、歴史の中で無視されつづけてきたにもかかわらず、実際にはアメリカが国として成り立っていく過程で果たした役割が、いかに大きかったかを説得力をもって書き綴っている。デュボイスはまた、アメリカの労働と経済の基盤を支えたのは、ほかならぬ黒人であることを強調した。黒人の労働者、兵隊、教育者、芸術家、作家、南北戦争後の政治家、いずれを欠いてもアメリカがアメリカたることは不可能であったと述べている。

デュボイスは、さらに、白人の革新派の人びとと協力して、後に全米黒人地位向上協会(NAACP)へと発展する団体の創設に関わった。一九一五年にワシントンが世を去った頃より、NAACPはアメリカの主要な市民権団体に成長した。同団体は、一九二〇年代に最盛期を迎えるが、本拠を南部から北部に移し、南部については介入しないようになっていった。

一九一五年頃から集中的に起こった南部在住黒人の北部への「大移動」は、南部での差別から黒人たちを解放させたが、北部が天国というわけではなかった。一九二九年に始まった世界大恐慌が白人の慈善活動家による支援を断ち切らせてしまったあたりから、北部に移り住んだ黒人への差別や人種的嫌悪はあらわになってきた。一九三〇年代にデュボイスは社会主義者になり、アメリカ社会そのものに愛想を尽かした。そして一九五〇年代の終わりにはガーナに移住し、一九六三年に波瀾万丈（はらんばんじょう）の生涯をそこで閉じた。

†南部を後にして

南部からの黒人の「最初の大移動」は、北部の工場労働者の需要に応えるかたちで一九一五〜二五年に起こったといわれてきた。それは間違いではないのだが、実はプレッシー判決の前から、すなわち一八九〇〜一九一〇年のあいだに、すでにかなりの人数が北あるいは西に移住していたことが数値の上で明らかになっている。そして、その大部分が北部の都市へと移動した。

具体的には、一九〇〇年時点でマンハッタンの黒人人口は三万六二四六人であったが、一九一〇年には六万六六六人に倍増した。一九一〇〜二〇年の一〇年間に、ニューヨークの黒人人

テキサスからシカゴに移動してきた家族（1920年）（シカゴ歴史博物館蔵）

口は六六パーセント増加し、シカゴでは一四八パーセント増、フィラデルフィアでは五〇〇パーセント増、デトロイトではなんと六一一パーセント増になった。デトロイトの伸び率が突出しているのにはわけがある。フォード・モーター社の創設者であるヘンリー・フォードが、黒人労働者が組立てラインでしっかりと働けるかどうか試験的に雇用し、成功したからである。一九一〇年に一〇万人が自動車産業に雇用されていたなかで、黒人はわずか六〇〇人足らずであったが、一九二九年までには、二万五〇〇〇人にもふくれ上がった。そのうち半数がフォード社で雇用されていたという。

黒人の移動先として、ほかに顕著なのはオクラホマ準州であった。また、前述したとおりカンザス州も人気があった。前者についてはホームステッド法（米国西部の入植者に公有地一六〇エーカー〔約六五ヘクタール〕を五年間農業用地として与えた法律で一八六二年連邦議会で成立）の影響が大きく、後者については奴隷廃止論のルーツということがあった。ミシシッピ川以西には、やがて、ニコデマス（カンザス）、ラングストン・シティ（オクラホマ）など黒人コミュニティが作られていった。これらの地域は短期的には成功を収めたが、やがて衰退していった。それは、これらの地域でもジム・クロウが蔓延していったことと、若い世代が農業よりも大都市での生活に魅力を感じて出て行ったためと考えられる。南部黒人の南部からの「脱出」は、一九一〇年までには、サンフランシスコ、オークランド、ロサンゼルスにも及んだ。ほとんどの者は単純労働者または家事手伝いになり、なかには熟練を要する水夫、港湾労働者などの職を見つける者もあった。しかし、いずれも低賃金労働であった。

このように、黒人の南部から他地域への移動は、一八六五年に南北戦争が終わり、南部再建期になって南部白人が黒人への圧倒的に優位な立場を回復させようとした時期から、徐々に増加していった。すなわち、短期間に一気に南部を離れたのではなく、その規模が非常に大きなものであったので、「大移動」という名称が冠されることになったのである。その大移動について、今しばらく具体的な内容と南部への影響について見ていくことにしよう。

†「大移動」の第一波

南部の黒人が大挙して北部へと職を求めて移動しはじめると、南部の白人はさすがに色めきたった。北部では貧困と寒さが待っているだけで死に至ることもあるなどと盛んに吹聴した。これらの動きに対抗するために、全米で最も読まれていた黒人紙の「シカゴ・ディフェンダー」では、さかんに南部のジム・クロウには別れを告げて、よりよい賃金と社会的地位を得るために北部へやってくるようにと勧める記事を掲載した。また求人広告も掲載され、黒人の脱出を鼓舞した。

このような情報が黒人の手に届かないように南部の白人のなかには妨害する者もいた。そのために「シカゴ・ディフェンダー」は「密輸」されなければならないような状況にもなったが、北部に旅する黒人ミュージシャンやニューヨークとフィラデルフィアから南部へ、またはシカゴからニューオーリンズ行きの列車に乗っているプルマン社のサービス係である黒人のプルマン・ポーターが新聞配達人の役割を担い、密かに届けられた。届けられても新聞を読めない黒人には、床屋や美容院、教会などで文字を読める者が読めない者へ読んで聞かせた。「シカゴ・ディフェンダー」紙や、ほかにも「インディアナポリス・フリーマン」紙、あるいはニューヨークの「エイジ」紙は、黒人のあいだで回し読みされ、最後はぼろぼろになって読めないほどになっていたという。

黒人をジム・クロウの南部から北部に引き寄せようとしたのは新聞だけではなかった。北部の産業は、南部に代理人を派遣し、北部への交通費を無償で提供したり、北部での高賃金を約束したりした。南部では、北部代理人の活動を妨げるために、「反リクルート」や「反勧誘」条例を可決した。また、法的手段に訴えるのではなく、単純に暴力に訴え、投獄されてしまうことも少なくなかった。しかし、いずれの方法を用いても、北部への移動に歯止めをかけることはできなかった。

南部黒人の「大移動」はおよそ一九一五～二五年にかけて大変活発になった(その後一九二九年の世界大恐慌が黒人のみならず白人の職も奪ってしまったことで移住のうねりは止んだ)。一九一〇年時点で八〇〇万人のアフリカ系アメリカ人のうち七〇〇万人は南部に住んでいたが、次の一五年のあいだに、黒人人口の約一割が自らの意思で北部に移り住んだ。

この大規模な人口移動にはさまざまな要因がからんでいる。一つは、ワタミハナゾウムシの増殖が綿花農園に与えた影響である。ワタミハナゾウムシは一八九二年にテキサスを襲った後、ミシシッピに一九〇三年にたどり着き、一九二〇年代初期までには残りの南部諸州に繁殖して甚大なる被害を与えた。一度被害に遭うと、翌年に再び被害を受けることを恐れて、農園主たちは次年度の作付けをやめた。したがって白人、黒人を問わず小作人たちはゾウムシの影響を受けない地域に移住せざるを得なくなった。第二の要因は南部黒人に対する無差別の暴力行為、とりわけリンチの頻発であった。群集心理にまかせた暴力行為が蔓延する地域にいつまでも居を構えてはいられない。より安心して生活できる土地へと移動する人の動きは止められない。

しかし、最も重要な要因は、第一次世界大戦の勃発であったといってよかろう。一八五〇年代から、ヨーロッパから大量の移民が流入し、一九〇〇年までには、経済成長にあわせて一〇〇万人以上の移民が北部の工場、造船所などで職をみつけた。ヨーロッパからの移民が労働者需要を満たしたので、南部黒人の出番はなかった。しかし、一九一四年にヨーロッパで第一次世界大戦が勃発すると、事態は急変した。ヨーロッパからの人の移動がぴたりと止まってしまったのだ。アメリカは一九一七年まで戦争に参加せず、ヨーロッパの同盟国に商品と軍用品を供給していた。そのためにも労働力が必要だった。

戦時期の労働需要は、劇的に黒人の労働パターンに変化を与えた。一九一〇年に缶詰工場で働いていた黒人は六七人にすぎなかったが、一九二〇年には約三〇〇〇人までふくれ上がった。ヨーロッパからの移民労働者が完全にいなくなったわけではなかったが、白人の労働者が徴兵されて職場を離れていったことも手伝って、黒人労働者がその代替として雇用されるようになっていったのだ。一九一六〜一八年のあいだだけでも、約四〇万人の黒人がデトロイト（自動車メーカー）、ピッツバーグ（鉄鋼産業）、ニューヨーク（多様な職種）、シカゴ（食肉処理場と鉄道）へと吸収されていった。

繰り返しになるが、奴隷解放の前かその直後に北部都市に移住したアフリカ系アメリカ人は、二つの大きな障害に直面した。一つは住まいを探すこと。そして、もう一つは仕事を探すことであった。シカゴ在住の黒人の九割がサウス・サイド地区の貧困地域に集住していた。黒人の子どもの死亡率は白人の二倍あり、また、夏の蒸し暑い時期には死者数はさらに増加した。

手に職を持っていようがいまいが、北部に到着した黒人は、仕事の機会が限られていることに気がついた。それは、先ほども述べたように単純労働以外の分野では、北部にヨーロッパから入国していた移民が競争相手として存在していたからである。南部では、すべての労働は「黒人の仕事」と考えられていた。したがって、自由黒人は技術を要する仕事、たとえば大工、鍛冶屋、樽製造などの職に就くことができた。しかし、北部では、アフリカ系アメリカ人に技術職は与えられなかった。黒人は単純な料理人、ウェイター、日雇い労働などの低賃金の仕事に甘んじなければならなかった。より支払のよい仕事は、すべてヨーロッパ移民にとられてしまった。

障害はこれだけではなかった。アフリカ系アメリカ人の基本的な市民権は限定的なものであった。一部の例外を除いては、投票権、陪審員となる権利、提訴する権利が与えられなかった。ジム・クロウの南部から逃れてやってきた黒人たちは、北部にもジム・クロウが存在することを身にしみて感じざるを得なかった。さらには、黒人の子どもたちは公教育を与えられなかったか、与えられても十分な資金が投入されていない学校に隔離されて教育を受けることになった。公共施設、劇場、電車、レストラン、ホテルについても、隔離され平等な扱いを受けることがなかったことは先述したとおりである。

南部黒人が一九世紀の終わりに北部への移住をはじめた頃、基本的には前の世代と同じ経路をたどった。イリノイ中央鉄道に沿って北上し、バーベキュー、グリッツ（粗挽きのトウモロコシ）、フライドチキンなどのフードや、南部ブルース、本場のジャズ、ロックンロールの源流となる音楽文化を携えながら、ミシシッピ州からはシカゴに向かい、ジョージア州とカロライナ州に住んでいた黒人たちは、フィラデルフィア、ワシントンDC、ニューヨークといった都市を目指し、そこに住む親戚を頼った。

しかし、新しくやってきた南部黒人は、北部にすでに移り住んでいた黒人から大手を広げて歓迎されたわけではなかった。以前から北部に住んでいた黒人にとって、新しく来た黒人は洗練されていない、無教育で迷信深い人間に思えた。自分たちがあてはめられてきた旧来の黒人のステレオタイプを、彼らは必死に変えようと努力してきた。そこに新しく南部から黒人がやってきて、過去の自分たちの姿を鏡のようにして見せつけられ、なんともやりきれない、そんな気持ちだったのかもしれない。

一方で、新来の黒人移住者たちに支援の手をさしのべる団体もあった。ニューヨークには一九一一年に「全米都市連盟」が設立され、シカゴにも「シカゴ都市連盟」が一九一七年にできた。また、自身も南部からの移住者で神父であったファーザー・ディバインは一九一二年頃にニューヨークに「平和伝道運動」を立ち上げ、人種差別、性差別のない社会作りに尽力して、多くの信者を獲得した。デトロイトでは、ウォレス・ファード・ムハンマドが一九三〇年に「ネイション・オブ・イスラム」（NOI）を設立、一九三四年にはジョージア州からの黒人移住者イライジャ・プールが後継者となりイライジャ・ムハンマドと改称した。

†大恐慌

一九三〇年代の大恐慌時代に南部農業は崩壊した。それとともに、南部黒人の小作人としての希望と土地所有の夢も消え去った。ニューディール政策が南部農業の救済に取りかかったとき、それは南部経済政策の大転換を迫るものであり、作付け面積の大幅減少をともなった。また、綿花生産の機械化を図ることによって労働力の削減も行われた。南部農民への連邦助成金は、地主と小作人によって共有されることを目的としていたが、実際には、借地人と小作人はすべての助成金とまではいかないものの、そのほとんどから除外された。

黒人小作人は、土地から追い出され、一時的な賃金労働者になった。大恐慌は北部への黒人の「大移動」にも急ブレーキをかけた。ただし、北部の黒人の収入の中央値は減少したが、南部での収入よりは依然高かったので、移住の流れがまったく止まったということではなかった。

しかし、明らかに流れの速度は減速した。一九二〇〜三〇年にかけて、およそ七四万九〇〇〇人のアフリカ系アメリカ人が南部を去ったのに対して、一九三〇〜四〇年にかけては、南部を去った黒人は五割以上減少して三四万七〇〇〇人にまで落ち込んだ。熟練を要する仕事は白人に回り、単純労働のみが黒人にあてがわれた。また職業上の差別に加えて、北部のアフリカ系アメリカ人も、南部の状況とは異なるとはいえ、隔離された施設、貧困、住宅規制、暴力という点では、同じような憂き目に遭うことになったのである。

そして黒人たちは、生活救済を連邦政府に頼らざるをえない状況になった。一九三三年の連邦緊急救済庁の報告によると、支援の対象となった都会に住む黒人は二六・七パーセントであり、白人のほぼ三倍に相当した。一九三〇年代に南部から北部に移り住んだアフリカ系アメリカ人にとって、北部での自由の約束は、まったくの幻想であり失望の連続であった。とはいえ、すべてが失望の対象となったわけではなかった。いくつか明るい兆しも見えはじめてはいたし、黒人が自発的に起こした新たな動きもあった。

†「大移動」にともなう経済的向上

話を戻そう。「大移動」はアフリカ系アメリカ人コミュニティのビジネス市場を拡大する効果もあった。黒人は白人にビジネスを提供してもらえず隔離されたがゆえに、黒人コミュニティ内での自給自足が必要となり、さまざまなビジネスが生まれていった。料理店、保険会社、斎場、仕立て屋、理容室、美容院、歯科医、医者、靴磨きと修繕屋、酒場等々、黒人による黒人のためのビジネスが立ち上がった。黒人だけの限られた貧しい顧客たちではあり、しばしば失業期間中を乗り切るために短期の掛け売りもせねばならなかったが、全体としては、ビジネスはどれも着実に成長していった。たとえば一八九〇年に黒人男性労働者の六三パーセントが農業に従事していたのが、一九三〇年には、四二パーセントに減っている。また、同じ期間に黒人の学校教師の数は二倍以上になり、識字率は三九パーセントから八五パーセントにまで急上昇した。さらに、黒人所有の企業の数は三倍になった。

仲間と車に乗るマダム・C・J・ウォーカー（運転席）（ニューヨーク公共図書館ショーンバーグ黒人文化研究センター蔵）

　黒人が完全に独占できた分野の一つが、アフリカ系アメリカ人の美容師に提供する化粧品販売であった。最も初期のメーカー設立者にマダム・C・J・ウォーカーがいる。彼女は洗濯業から身を起こして、一八九〇年代に髪を直毛にする方法を開発して大成功した。旧名サラ・ブリードラブは奴隷の娘としてミシシッピで育ち、二人目の夫であるチャールズ・ジョーゼフ・ウォーカーの名前をとった「ザ・マダム・C・J・ウォーカー・マニュファクチャリング・カンパニー」を創立し、一九一〇年代までに約二万人のマネージャー、販売代理店、従業員と工場労働者を抱える一大企業に成長させた。一九一九年に他界したとき、マダム・C・J・ウォーカーは、おそらく最初の百万長者となったアフリカ系アメリカ人女性であった。

†マーカス・ガーヴィーと「アフリカへの帰還」

一八世紀後半から、アフリカ系アメリカ人はアメリカ社会に同化し平等を勝ち取るべきか、あるいは自治社会または国家を樹立することが可能な土地をほかに見つけるべきかで議論を重ねてきた。南北戦争後に黒人に市民権と投票権を与えた憲法改正は、多くのアフリカ系アメリカ人にアメリカ社会への同化の希望を抱かせた。しかし、一八七七年に南部再建期が終わるまでには、それは刹那的(せつなてき)な夢でしかなかったことが南部だけでなく北部でも明らかになった。黒人はアメリカ社会に同化することはあきらめてハイチ、リベリア、シエラレオネなどの土地での新生活を目指すべきだと具体的な計画を考案する者が、黒人の中にも白人の中にもいた。さまざまな提案が一八九〇年代に、たとえばアフリカ・メソジスト監督教会のヘンリー・マクニール・ターナーなどから出されたが、いずれも実現には至らなかった。

二〇世紀初頭の一九一四年に、マーカス・ガーヴィー（一八八七―一九四〇）によって、彼の出生地のジャマイカで「万国黒人向上協会」（Universal Negro Improvement Association：UNIA）が立ち上げられ、人種的な誇りと移住気運が再び高まった。黒人の中流階級と知識人たちには、この運動は嘲笑をかったが、ガーヴィーの「アフリカに戻ろう」（Back-to-Africa）のメッセージとカリスマ的なリーダーシップは、アメリカ社会での平等な立場を獲得するための闘いに疲れ果てた多くのアフリカ系アメリカ人に強く訴えかけた。

マーカス・ガーヴィー（アメリカ議会図書館蔵）

ガーヴィーは、アフリカ系アメリカ人の社会的平等の探求は妄想にすぎないと主張した。なぜなら、白人がそのようなことを許すはずがないからであり、アメリカに居残る限り、決して同化することなど不可能で、永久にマイノリティで終わるように運命づけられているのだと説いた。ガーヴィーとUNIAは、黒人の経済的独立と人種的な誇りを持つことを強調した。ガーヴィーは、おもに低所得者層の黒人たちから支持された。南部で暴力と経済的依存から抜け出せず、北部でのよりよい機会を望んでいながら失意の毎日を送っていた黒人たちは、大変魅力的でカリスマ性のあるリーダーの出現ととらえたのだ。

UNIAは一九一七年にジャマイカからニューヨークに拠点を移し、一九二〇年にニューヨークにおいて「世界黒人人権宣言」を出した。またそこで、リベリア移住計画と、ブラック・スター・ライン船会社を設立して、ニューヨークからリベリアへと移住者を運ぶための三隻の汽船を所有することも発表した。ガーヴィーの語る夢に多くの黒人は心を動かされた。ガーヴィーは、黒人信奉者にとってまさに「ブラック・メシア」であった。

UNIAはアフリカ系アメリカ人のそれまでの歴史において最も大きな大衆運動になった。ハーレムで行ったパレードには何千という群衆を集め、「ニュー・ニグロ」のプライドを見せつけた。

しかし、UNIAの夢ははかなく消えることになる。ガーヴィーは、一九二二年にブラック・スター・ライン船会社に投資した人びとから、金銭をだまし取った件で有罪判決を受けて収監された。その後、ガーヴィーは祖国ジャマイカに追放され、一九四〇年、ロンドンでその生涯を閉じた。

†ハーレム・ルネッサンス

ニューヨーク市マンハッタンの北東部に位置するハーレムは、二〇世紀に入り三〇年のあいだに「黒人の街」になった。一九世紀後半、ハーレムは、ちょっと気取った上流階級の白人コミュニティであった。それが少しずつ変化し、一九〇四年の地下鉄の開通がきっかけとなり、投機家たちが荒廃した家屋を取り壊して、アパートを何ブロックにもわたって建てはじめた。これにより、次第に白人はほかの地域へ移り住み、代わりに黒人が入居し、数で白人を圧倒するようになった。

ニューヨークでも、ほかの北部都市同様に、黒人は自由に居住区を選ぶことができず、政治家、土地所有者と不動産仲介人たちのなれあいによってハーレムに集住することになった。生活環境は決して快適ではなく、しかも、ほかのエスニック集団よりも高い家賃を払わされた。

一九二五年までにハーレムは最も人口過密な住居区の一つとなり、マンハッタンのほかの地区よりも五割も過密で、一九〇〇年からの三〇年間で、人口はほぼ五〇〇パーセント上昇した。ハーレムに集まったのは、南部から来たアフリカ系アメリカ人の移住者に限らなかった。カリブ海のハイチ、ドミニカ共和国、ジャマイカや西アフリカからも人びとが移り住み、アフリカ系の文化的相互交流は、ハーレムを「アフリカ系アメリカ人の首都」に変貌させた。そこは、アフリカ系アメリカ人が、ニューヨーク市で唯一、心置きなく生活し、働き、買い物をし、余暇を過ごせる場所であった。そして先に紹介したW・E・B・デュボイスによる黒人の先祖に関する研究、黒人文学の開花、黒人の経済的向上、第一次世界大戦からの黒人帰還兵、ジャズクラブ、「ニュー・ニグロ運動」等々、さまざまな要素が複合的に関わって、「ハーレム・ルネッサンス」と称される文化が花開いた。

「ハーレム・ルネッサンス」が正確にいつ始まったかについては諸説あるが、一九一九年二月一七日とするのが適当かと思われる。その日、黒人連隊の第三六九歩兵連隊の一二〇〇人ほどの帰還兵がマンハッタンの五番街を行進した。その先頭に立って連隊を導いたのがジェームズ・リース・ユーロップ率いる連隊の音楽隊であった。この音楽隊はジャズ・スタイルの音楽をヨーロッパに伝えたことで知られている。

ハーレム・ルネッサンスの二本の柱のうちの一本は、学術面と文学上の貢献だった。二〇世紀の最初の四半期、アメリカの人種差別主義は非アングロサクソンは遺伝子学から見てアングロサクソン系よりも劣っていると見なしていた。たとえば、歴史家ウルリッヒ・B・フィリップスは『アメリカ黒人奴隷』(*American Negro Slavery*)の中で、奴隷制度の下でアメリカの黒人は従順で服従的であったと述べ、南北戦争前の歪曲された黒人「サンボ」や「マミー」の平和なイメージを一般大衆に植え付けようとした。

デュボイスとほかの黒人研究者たちは、このステレオタイプに真っ向から勝負を挑んだ。フィリップスとほかの白人研究者たちは、元奴隷たちの語りを基に作り上げたデュボイスたちの研究はフィクションであるとして認めなかった。しかし、デュボイスたちは黒人としてのアイデンティティと自尊心の確立のために、意図的に生の声を記録にとどめ研究に反映させた。

こういった動きに同調して、文学、詩、演劇においても新たな動きが芽生えてきた。アフリカ系アメリカ人の代表的な作家を挙げればラングストン・ヒューズ、E・フランクリン・フレージャー、ウォルター・ホワイト、ジーン・トゥーマー、ジェームズ・W・ジョンソン、ハーレム・ルネッサンスの始まりの重要人物の一人と見なされる、小説『混乱』(*There Is Confusion*)を書いたジェシー・フォーセットなどが挙げられる。そして、文化人類学者としての側面も持つゾラ・ニール・ハーストンも重要な作家である。


ゾラ・ニール・ハーストン(アメリカ議会図書館蔵)

文学とともにハーレム・ルネッサンスを形作ったのは音楽であった。白人がクラブ

でジャズバンドの音楽を聞くために、ローワー・マンハッタン地区からハーレムへ頻繁に足を運ぶようになると、音楽はハーレムの一つの産業になっていった。ホットなジャズの生演奏、禁酒法のもと違法なアルコール、最新のダンス、「フラッパー」（社会規範から自由で最新のファッションをまとった若い女性たち）がいて、本物の黒人音楽を体験できるハーレムは、流行の最先端を行く地として、その価値はますます高まっていった。高級クラブの多くは、顧客は白人のみという方針を維持した。営業時間後に有色人種を受け入れるところもあったが、むしろ本物の黒人音楽は、自身の楽しみのために定刻を過ぎてからのジャムセッションにあったといってもよかろう。ハーレムは、そうした営みにより、アメリカのポピュラー音楽シーンに新たなジャンルを創始した場所である。

おそらく、ほかのいかなる場所よりも、一九二三年に公式にオープンした、レノックス通りとウエスト一四二番街の角にたたずむコットン・クラブほどハーレムの音楽を集約したところはなかったといってよい。往時の綿花プランテーションを彷彿とさせるデコレーションにつつまれていて、ステージも農園主の大邸宅のベランダになぞらえて作られている。

コットン・クラブ・レビュー、それは白人のブロードウェーとティン・パン・アレー（音楽出版社が集まるストリート）の作曲家たちによって構成、作詞・作曲されるステージで、二〇人程度のカフェオレ色の肌をした女性歌手とダンサーが出演していた。そのなかでも最もよく知られていたのがリナ・ホーンであった。週給五〇ドルをかせぐために有色人種のふりをした白人女性もいた。顧客は、白人のみであった。

コットン・クラブは、一九二七年一二月にデューク・エリントンが出演することによって一躍有名になった。エリントンはジャズ・エイジを躍動的リズムのスウィング・エイジに変え、コットン・クラブをニューヨークで最も有名なクラブにした。

コットン・クラブ（Science Source/アフロ提供）

ハーレム・ルネッサンスが一九一九年から始まっていたとすると、終焉を迎えたのは、一九二〇年代中頃から一九三〇年代初頭にかけてである。ハーレムに住んでいた大多数の住民は「ハーレム・ルネッサンス」という言葉を聞くことはなかった。しかし、住民たちはハーレム・ルネッサンスをルネッサンスたらしめた音楽をいつも耳にしていたということである。

†一九三〇年代の連邦作家プロジェクト

フランクリン・D・ルーズベルト大統領が行ったニューディール政策の文化的プログラムの中に連邦作家プロジェクト（Federal Writers' Project）というものがあった。アメリカ社会特有の文化をあぶり出すのが趣旨であったが、そのおもな対象はアフリカ系アメリカ人の文化だった。それは、次の二点において明らかである。

このプロジェクトを通じて、南部作家の珠玉リチャード・ライトが見出された。ライトは、このプロジェクトの支援を受けて書いた四つの物語について、一九三九年に表彰された。これらの物語は『アンクルトムの子どもたち』（*Uncle Tom's Children*）に収められ、ライトは賞金を使って傑作『アメリカの息子』（*Native Son*）を書き上げた。

第二に、作家プロジェクトでは二三〇〇人の元黒人奴隷にインタビューを実施した。奴隷解放の一八六五年当時に一歳から五五歳だった元奴隷が対象であったので、インタビュー対象者の三分の二は当時八〇歳を超えていたことになる。この「奴隷の語り」としてよく知られている貴重な語りの集成は、一七巻の史料として一九四一年に出版された。現在、米国議会図書館に『奴隷として生まれて――連邦作家プロジェクトの奴隷の語りから、一九三六―一九三八』（*Born in Slavery: Slave Narratives from the Federal Writers' Project, 1936-1938*）として公開されている。オンライン・コレクションは、元奴隷の五〇〇の白黒の写真が含まれている。

　ときに感傷的でノスタルジックな「プランテーション伝説」として元奴隷たちの生の声を残しておくことは大変重要な意味を持っている。なぜなら、それは権力者が作り上げた歴史ではなく、時代を生きた生の声、内なる声であるからだ。「南部における奴隷制度においては、北部都市部での賃金労働者であるよりも、奴隷たちは慈善的で安全な制度のもと、農園主の庇護を受けて幸せな生活を送っていた」という権力者側のレトリックとは一線を画して、当人たちの本音が語られているのである。ここで話していなければ、語っている元奴隷たちが後の世代に自身の話を残すことができる見込みがほとんどなかったことを考えると、このプロジェクトで取り上げられたのは、語り手となった元奴隷の黒人たちにとっては僥倖（ぎょうこう）であったといえるだろう。

リチャード・ライト（1943年）
（アメリカ議会図書館蔵）

　しかし、このコレクションは次の二つの理由のために一九七〇年代初期まで忘れ去られていた。まず、利用が容易ではなかった。現物は議会図書館の稀覯書（きこうしょ）課に所蔵されており、一般人が探し出すのには厄介であった。幸い現在は、インターネット利用でこの問題は解決されている。

次に、過去の記憶を語っているという事実に対する信頼性の問題があった。どうして信頼できないのか。第一に、ほとんどが七〇年以上前の子どもや若者のときの記憶を語ることになったから。第二には、大部分が一九三〇年代の大恐慌時代の貧困の極限状態を経験した人びとであったから。そのため究極の貧困を耐え忍んだ後の平穏な晩年において、過去は優しく振り返られる傾向があった。

第三に、一部のインタビュー対象者は、インタビュアーの意図に沿ったかたちで答えようとした節がある。インタビュアーは政府関連の職員で、インタビューの内容によっては何らかの援助を提供してくれるかもしれないとの淡い期待を抱いていた可能性も否定できない。

第四には、大部分のインタビュアーが白人であったということ。そのために、奴隷の立場を十分に理解できずに、その率直な気持ちを引き出しえなかったかもしれないということだ。黒人が生きていくための戦略として、白人に対して本音を語ることは避けた可能性もある。これらのさまざまな要因の組み合わせのために、オーラル・ヒストリーそのものに対する疑念を払拭できない人びとは少なくなかった。

しかし、一九六〇年代に公民権運動が盛んになってくると、歴史認識や史料の扱い方にも異なる見方が出てきた。さらに一九七〇年代になると、歴史研究家たちは今まで文献にのみ頼っていた方法論の見直しを始めた。ワシントン、リンカーン、ルーズベルトといった超大物を中心とした歴史ではなく、まったく無名の一般庶民の声を拾っていく必要が歴史家に課せられた使命なのかもしれない、そのように思いを変えた研究者たちも出てきたのだ。いったん、このように研究の姿勢が変わると、オーラル・ヒストリーの史料が宝の山に見えてくる。そしてこの記録がアフリカ系アメリカ人の歴史を記述するためには不可欠の史料であるということに気づいた。その意味で、一九三〇年代のニューディール政策の文化的プログラムの一環として行われた連邦作家プロジェクトは、後の公民権運動の高揚と奴隷制度の再考が芽吹くための種子であったと考えてよいだろう。

第5章

第二の「大移動」から公民権運動まで——一九四〇～一九六八

†世の中は変わる

黒人奴隷がアフリカからアメリカにはじめて連れてこられてから、「黒人問題」は南部特有の問題と見なされていた。それは、南部社会と経済の後進性をあらわすものとして片付けられていたからである。前章で見たように、「大移動」の第一波（一九一六〜三〇）において、黒人は差別から逃れるために、よりよい経済的機会と生活環境を求めて北部へと大挙して移動した。多くの黒人にとって生活拠点はあくまで南部であったが、第二次世界大戦が勃発し、連邦政府が防衛関連産業に巨額の資金を投入しはじめると様相は一変した。

ニューディール政策が実施されていたにもかかわらず、一九四〇年初頭の段階では、まだ八〇〇万人のアメリカ人が失業中で、その内訳は白人七〇〇万人に対して黒人が一〇〇万人だった。同盟国の求めに応じて国内の軍需産業が工場を建てはじめると、失業者たちは、よりよい賃金を求めて工場にむらがった。その場合も、やはり白人の労働者優先であった。白人の失業率は減少しはじめたが、黒人の失業率は二二パーセントで白人の二倍だった。アラバマ州モービルの造船所を例にとると、一万人の労働者中で黒人はわずか二二人のみであった。同様の状況が西海岸や中西部、北部でも見られた。

こういった状況に、黒人側も黙ってはいられなかった。おもに黒人で構成されている寝台車ポーター組合の指導者で黒人運動の重要人物の一人であるA・フィリップ・ランドルフは、フランクリン・D・ルーズベルト大統領と会い、軍需産業、防衛産業において人種による雇用差別をなくすように要請した。大統領からは色よい返事がもらえなかったため、ランドルフは、一九四一年一月に、ワシントンDCで一〇万人のアフリカ系アメリカ人を集めて雇用の改善を求める大行進を計画した。

首都の議事堂前でアフリカ系アメリカ人が抗議活動を行うと、アメリカの敵国（ドイツやイタリアなど）にとっては格好のプロパガンダの対象になる。しかし、米国議会は黒人の要求に屈服する姿勢は見せなかったため、唯一残された道は大統領による行政命令の発動であった。ルーズベルト大統領は、大統領行政命令八八〇二号を発令し、公正雇用実施委員会（Fair Employment Practices Commission：FEPC）を設立し、軍需産業における人種差別的な雇用慣習を廃止するように命じた。

†第二の「大移動」

第二次世界大戦へのアメリカの参戦で、アフリカ系アメリカ人に第二の「大移動」（一九四〇～七〇）が起きた。第二の大移動に特徴的なのは、行き先が北部に限らず、むしろ西海岸諸州に向いたことである。雇用先はおもに造船所と航空機工場であった。一九四〇～四五年のあいだに、およそ一五〇〇万人のアフリカ系アメリカ人が他州に移動し、うち五〇〇万人は南部を脱出した。

白人労働者や雇用主は、黒人を雇用することに対して依然強い抵抗を示した。しかし、連邦政府は白人による抵抗よりは、戦時における生産性の維持を優先した。非常時における労働者不足は、とくに一九四二年以後、黒人の雇用機会を増やすことになった。一九四〇〜四五年までに製造業に雇われた黒人の割合は一三五パーセント増加し、失業者数は一〇〇万人から一五万人にまで減少した。黒人はすべての防衛軍需産業の労働者の中で八パーセント以上を占めた。工場労働者に限らず、連邦政府に雇用された黒人も戦中期に四〇〇パーセント増加した。

黒人女性も戦時期に一五〇万人から二一〇万人に雇用者数が増加した。黒人女性は、黒人男性と白人女性が雇用された後に雇われたが、自動車産業、製造工場と造船所での重労働に従事するようになった。「ヒトラーこそが、白人の台所から解放してくれた恩人よ」というある黒人女性の言葉がニール・ウィンの本に紹介されている。

第二次世界大戦をきっかけに、アメリカ西部では黒人の最大規模の移入を記録した。一九四〇年代に西部地域在住の黒人は四四万三〇〇〇人（三三パーセント）増加した。テキサスやルイジアナを出て西に向かった黒人たちは、途中、食堂があったとしても入れてくれるという確信がなかったので、靴箱にフライドチキン、固ゆでの卵とビスケットを入れて持ち歩いた。何人か一緒に車で移動する場合は、モーテルを探す手間を省くため交代で運転しながら、車の中で休みをとった。行き先は、カリフォルニア、オレゴン、ワシントンの西海岸地域だった。防衛産業の急成長のおかげで、黒人は今までの単純作業から労働者として自活する道を見出すことができた。軍事基地の近くに住まいを移し、多くがそこに定住した。

列車での移動を選んだ黒人たちは、満員の列車に揺られながら三、四日かけて西海岸を目指した。太平洋岸に着くまでに、隔離列車やホテルの宿泊拒否などの差別にあったが、造船所や航空機工場で仕事が待っていると思えば、堪え忍ぶことができた。

第二の「大移動」がいかに大規模な移動であったかを統計数値で概観してみよう。南部黒人の人口は、一九四〇年にアメリカの黒人人口全体の七七パーセントを占めていたが、一九七〇年には五三パーセントになった。つまりこの年、南部以外の地域に住む黒人人口は四七パーセントと、全体の半数近くに増加したのである。とくに深南部のミシシッピ州とアラバマ州からの移動は顕著であった。

二〇〇〇年まで歴史の時計の針を進めれば、一九〇〇年にシカゴの人口に占めた黒人の割合はわずか一・八パーセントであったのに対して、二〇〇〇年には人口全体の三分の一にまで膨張した。

北部へ移動した黒人たちは圧倒的にシカゴのような都市に集中した。北部人になっただけでなく都会人にもなったのである。しかし、都市が移住者を受け入れる経済環境を計画的に整えていたわけではなかったので、移住者の技術と雇用のミスマッチは珍しくなかった。また、前章で述べたように、新参者の黒人に対して以前から住んでいた黒人は否定的なまなざしで見ていた。「シカゴ・ディフェンダー」紙は、新参者の黒人に対して、ハンカチーフを頭にかぶらないこと、隣人が通るのを窓から乗り出して見ないこと、街角でぼんやりしたり、人前で大きな声で会話したりしないことなどの注意を促した。

†第二次世界大戦での兵役

第一次世界大戦において米陸軍に服役した黒人の役割は、非戦闘要員として補給部隊員、コック、パン屋、運転手、港湾労働者や単純労働者などに限定されていたが、ヨーロッパでの第二次世界大戦勃発のときにも状況はほとんど何も変わらなかった。一九三九年時点で、軍はまだ隔離政策を実行しており、海軍の黒人は食堂担当の下士官としての役割しか与えられず、また、海兵隊と陸軍航空隊からは完全に除外されていた。しかし、黒人指導者たちは、この状況を変えることを堅く決心し、次の二つの点において変更を要求した。第一に、すべての軍において入隊を可能にすること、第二に、入隊後は隔離政策を撤廃することであった。

一九四〇年、選抜徴兵法が実施されたとき、条項には人種差別の禁止令が含まれ、また、すべての軍隊において入隊が許可されることになった。ただし、黒人将校は黒人のみで構成される連隊を指揮し、航空部隊も黒人のみの航空部隊とすることになった。そして、二番目の要求に対しては未回答のままだった。すなわち、隔離政策は続行され、白人と黒人は同じ連隊を組織することはなかった。

黒人の政治的支持を損ねることをおそれて、ホワイトハウスはアラバマ州タスキーギに黒人航空プログラムを創設し、初の黒人の将軍としてベンジャミン・O・デービス大佐を昇進させ、この航空部隊プログラムで訓練を受けた者たちはタスキーギ・エアマンとして知られるようになった。タスキーギ飛行場で訓練された黒人の攻撃機と爆撃機パイロットは、戦争が終わるまでに一万五〇〇〇回の出撃を記録し、二〇〇機のドイツ機を撃ち落とした。

しかし、一九四一年一二月に日本軍による真珠湾攻撃が起きたのを契機に、黒人の姿勢に変化が見られはじめた。一部の黒人は彼らが「白人の戦争」を戦うことに異議を唱えた。一つ例を挙げると、マルコム・リトルという黒人青年は召集令状を受け取ったとき、ズートスーツ（長いジャケットと広縁の帽子のある派手な一式）を着て徴兵委員会に現れた。そして、狂気を装って粗暴に振る舞った。とりあった精神科医にマルコム・リトルは「南部に戻ってニガーの部隊を作るから、銃を盗んでくれ。クラッカーども（南部の貧乏な白人）をぶっ殺してやるから」と言った。診断は、「兵役には不適当」となり、それ以降、徴兵委員会に呼ばれることは二度となかった。数年後、その青年は名前をマルコムXに変えた。

マルコムXは突飛な例かもしれない。実際、大半の黒人は枢軸国との戦いを、平等を獲得するための自分自身のための戦いと重ね合わせて考えていた。ボクシング・ヘビー級チャンピオンのジョー・ルイスは、当時すでに白人ボクサーを負かしたアフリカ系アメリカ人の英雄としてあがめられていたが、米陸軍に志願したとき、彼は国民的英雄になった。また、戦争のプロパガンダ用のポスターや愛国的な映画にも出演して黒人軍隊の士気高揚に一役買った。

一九四二年、黒人新聞の「ピッツバーグ・コリアー」紙は、軍隊内での人種差別に対しての異議申し立てを紙面上で展開した。「ダブルV」キャンペーンと銘打って、米軍の勝利とともに米軍内での差別撤廃の勝利を目指すことを主張したのである。しかし、「内なる戦い」の勝利は遠かった。徴兵制度そのものにも人種差別が残りつづけた。「クラスI」と呼ばれる即時戦場要員として徴収された割合を比較すると、白人の三二・五パーセントに対して黒人は五一・六パーセントであった。また、一九四五年の終戦までに徴兵された黒人兵士の七五パーセントは、戦闘部隊の背後の要員としての軍役に甘んじなければならなかった。

一九四三年に、都市やその周辺で二四〇件以上の暴動が起きた。なかでもよく知られているのは、その年の六月に起きた「ズート・スーツ・ライオット」と呼ばれる、ロサンゼルスでの人種暴動であった。暴動は白人の軍人と民間人がメキシコ系の若者と黒人の若者に暴力を働いたことが原因で起きた。

黒人の軍人もまた、ただ受動的に人種差別的な待遇をよしとしていたわけではなかった。ある黒人少尉がテキサス州キャンプ・フッドでバスに乗ったときに、後ろの席に移動するように指示した運転手と口論になった。白人憲兵が逮捕しようとしたときに、その軍人少尉は軍人としての立場の優位性を主張し断固として譲らなかった。軍法会議にかけられた結果、無罪とはなったが元の部隊に戻されることはなく、他の基地に移されてスポーツのインストラクターの職を与えられた。その人物は、後に黒人アスリートの象徴的な人物となるメジャーリーガーのジャッキー・ロビンソンであった。

当初、米軍は黒人部隊を海外に派遣することをためらった。しかし、人種を気にしている場合ではなく、次第に海外派遣が増え、最終的には五〇万人の黒人兵士が戦場に送られることになった。海外での経験は、多くの黒人兵士にとって大きな覚醒となった。たとえば英国に派遣された黒人兵士は、そこではじめて普通の人間として扱われたことにいたく感動した。もちろんすべての黒人兵士が肯定的な経験をしたわけではなかった。軍隊生活は幻滅以外の何物でもないと感じた兵士もいた。

しかし、いずれの場合においても、戦争体験が黒人に与えた影響は決して小さくなかった。多くの黒人兵士は、徴兵されることによって教育の機会が与えられ、技術を身につけ、自尊心を得ることができた。そして、前線から帰還するとき、黒人兵士たちはジム・クロウの差別的待遇は断固として拒否する心構えで帰郷した。イザベル・ウィルカーソンによると、ある黒人兵士の伍長が、一九四五年に兵役を終えて故郷に戻ったときに、次のようにいった。「俺はオランダ人とフランス人を解放するのに四年も戦ってきたんだ。田舎に戻ってきたら、今度はアラバマ育ちのドイツ人が俺をこき使うってか。冗談じゃねえ。陸軍に入ったときはニガーだったけど、俺は人間になって戻ってきたんだ」。

†終戦直後の変化

これまで見てきたように、北部・西部で黒人は急増した。たとえば一九四〇年に西部にいた黒人は一七万人程度であったが、終戦の一九四五年には六二万人に急増していた。戦争が終結したとたんに、黒人失業者がロサンゼルス、シカゴ、ニューヨークなどでは街角にあふれ出していた。一方、南部では、新たにできた軍需工場に職を見つけることができた者もいたが、大半は相変わらずジム・クロウ的待遇に甘んじ、清掃夫、カフェテリアの皿洗いなどしか働き口がなかった。そのため、戦後には失業者が出ていたにもかかわらず、比較的成功した親戚や知人などを頼って南部から北部に脱出した人の数は、一九四〇〜五〇年にかけて五〇万人ほどにのぼった。この黒人の移動は、ほぼ同じペースで次の二〇年間にわたっても続いた。

黒人が都心に集中するようになって、やがて「ゲットー」という言葉も定着してきた。第二次世界大戦後のベビーブームが起こってから白人は郊外に移り住むようになったが、郊外に家を持つほどに恵まれていなかった多くの黒人は「インナーシティ」に残った。「インナーシティ」という表現は、もともとは「都心」を意味したが、やがて黒人の集住地区と同義に使われるようになった。

黒人集住地区のアパートメント（1940年）（アメリカ議会図書館蔵）

黒人の集住地区では、貧困と犯罪が蔓延した。あえて利点をあげれば、黒人市長や議員が誕生したことである。しかし、ゲットーに住む黒人のために公共のプロジェクトを起こそうと思っても、中間所得層の白人が郊外に引っ越してしまったために、財源を確保することができなかった。

南部では相変わらず黒人を「元の場所」へ引き戻そうとする差別的な動きがあったが、全米でみるとハリー・S・トルーマン大統領の発令した二つの大統領令によって黒人の将来に明るい兆しが見えてきた。

一つは大統領令九九八〇号で、すべての連邦政府関連の仕事、たとえば郵政事業などについて人種差別を禁じたこと、もう一つは九九八一号で、軍役について人種、肌の色、宗教、国籍にかかわらず、すべての人に対して機会が平等に与えられねばならないとしたこと。この九九八一号の一番の恩恵は、なんといってもGIビルという復員兵援護法によって、退役軍人が皆、週二〇ドルの社会復帰手当、マイホーム購入のためのローン、大学の教育費の援助など多大なる支援を受けることができるようになったことだ。これにより一九四七年までに二万人以上の黒人が大学に進学した。

また、一九〇〇年代初頭にワタミハナゾウムシが綿花栽培に大打撃を与え、黒人の大移動を誘発したのは先に触れたが、一九四〇年代には機械化の影響が次の大移動を生じさせた。南部プランテーションの農園主たちは、大恐慌のあおりとともに黒人小作人の北部への移動による労働力不足によって、機械化による効率的なプランテーション経営を余儀なくされていた。一九四〇〜五〇年のあいだに、南部プランテーションで使用されたトラクターの数は三倍に急増した。また、一九四七年にインターナショナル・ハーベスター社開発の自動推進式の綿花摘採機が登場したことによって、綿花栽培の全面的な機械化に拍車がかかった。労働集約型農業の担い手であった黒人労働者は、もはや不必要になってしまったのだ。全面的機械化がミシシッピデルタ地方を中心としたプランテーションに拡散していくにしたがって、黒人の南部から北部への移動は加速した。黒人は、北部の鉄鋼、航空機製造、造船関連の工場に職を求めて大量移動したのである。

†公民権運動に火をつけた二つの事件

前章で南部再建期後、アフリカ系アメリカ人の権利がどのように剝奪されたかということ、そして、公共輸送機関の乗車に関するホーマー・プレッシー判決がジム・クロウに法的根拠を与えてしまったことを扱った。一八九六年に「分離すれども平等」がすべての判断基準になってしまってから、それを覆すための努力がさまざまな方法で試みられたが、どれもうまくいかなかった。

それを覆すきっかけを作ったのが、カンザス州トピーカに住む黒人溶接工オリバー・ブラウンだった。一九五一年、黒人であることを理由に、近くの学校に八歳の娘のリンダやハリー・ブリッグス・ジュニアなどの子どもたちを通わすことができないのは、憲法修正第一四条に違反すると訴えたのだ。一般的に「ブラウン対トピーカ教育委員会」として知られているこの訴訟は、後にアフリカ系アメリカ人最初の最高裁判所判事となるサーグッド・マーシャルを主任弁護士とし、全米黒人地位向上協会（ＮＡＡＣＰ）の支援を受けていた。この判決がなければ、公民権運動は出発できなかっただろう。

当時の時代状況は、メジャーリーガーのジャッキー・ロビンソンが活躍したり、トルーマン大統領が軍における人種差別禁止に関する大統領令に署名したりと、徐々にではあるが黒人の権利回復運動へ追い風が吹きはじめているというものだった。

ブラウン事件では、原告の弁護団は、証拠として白黒二つの人形を黒人の子どもに選ばすという黒人の心理学者メイミ・クラークとケネス・クラーク開発の「人形テスト」の結果を提示した。調査の結果、多くの黒人の子どもたちが白い（黒くない）人形を選び、白い人形が綺麗で、黒い人形が醜いと答えたことを報告した。この結果は、学校の分離が黒人の子どもたちの心因性損傷の一因となっている点を主張する際に引用された。また、アフリカ系アメリカ人がいかに差別的待遇を受けてきたかを『アメリカのジレンマ』（*An American Dilemma*）の中で詳述した、スウェーデンの経済・社会学者グンナー・ミュルダールの社会学的議論も引き合いに出された。これらの学術的調査結果のほかにも多数の研究を紹介しながら、隔離教育が黒人の子どもの発達過程に悪影響を及ぼすこと、また、人種的な違いが従属的な社会的立場を恒久化してしまっていることを指摘した。

最高裁判所長官アール・ウォーレンの判決は二部から構成されていた。これがアメリカ史上、歴史に残る判決となった「ブラウン判決」である。最初の部分は一九五四年五月一七日に読み上げられ、最高裁判事たちの満場一致の決定だった。人種のみに基づく分離が子どもたちから平等な教育機会を奪っているとし、判決文では「公教育の現場においては「分離すれども平等」は認められない」と断言した。別々の教育施設で教育を施すことは本質的に平等を意味しない、したがって人種に基づく学校の分離は違法であるとしたのだ。

大人になったリンダ・ブラウン（中央）とハリー・ブリッグス・ジュニア（一番左）。右はハリーの父と、リンダの母（1964年）（アメリカ議会図書館蔵）

第二部は一九五五年五月三一日に判決文が読まれた。長きにわたって実施されてきた学校分離政策を、いかにして解体すべきかについての道しるべを述べたものであった。具体的には、地方裁判所に対して、「慎重な速度」で解決に向かうように指示した。その表現はあいまいで具体的な工程とスケジュールを示すものではなかったが、アフリカ系アメリカ人の権利回復のための指針と枠組みを与える決定的な法的根拠を提供した。

南部白人は、この判決に対して即刻反発し

た。ミシシッピでは白人市民会議（White Citizens Council）が結成され、断固として戦っていくことが誓われ、南部全域で支部が作られていった。

さらにブラウン判決の第二部が読み上げられてから数か月後、公民権運動をさらに加速させる事件が起こった。シカゴ在住のエメット・ティルという名の一四歳の黒人少年が、夏休みの二週間を家族とともに過ごすためにミシシッピデルタ地域にやってきた。母親のメイミは、ミシシッピはシカゴと違うから、人種差別については気をつけなさいと注意した。白人と話すときは、決して相手を直視してはならず、男性には「イエス・サー」、女性には「イエス・マム」と必ずいわねばならないことも付け加えた。

一九五五年八月二四日、ミシシッピに到着して数日後に、エメットはデルタ地域のいとこたちと、ロイ・ブライアントとキャロライン・ブライアントという名の貧しい白人夫婦が経営する小さな店の前をぶらついていた。エメットは、シカゴに白人のガールフレンドがいることをいとこに自慢した。いとこたちは、それじゃ今ここで店のキャロラインをデートに誘ってみろと挑発した。いとこたちは、まさかエメットがそれにのるとは夢にも思っていなかったが、エメットは実行してしまった。店内で起こったこととの唯一の証拠はキャロライン本人による証言である。キャロラインは、腰回りに手をかけられたといった。窓の外からその一部始終を観察していたいとこたちは、慌てて店の中に入り、エメットをキャロラインから引き離し、その場から逃げ去った。次に起こる恐怖の体験を想像しながら——。

店主のロイが町に戻り、事件の噂を聞くと、兄弟とともにエメットを鞭打ちするために彼の親類の家まで行った。しかし八月二八日早朝、二人はエメットをつかまえると、トラックの中に連れ込んだ。三日後、ある漁師がエメットの死体を近くの川で見つけた。エメットの首には七五ポンド（約三四キログラム）ある送風機が有刺鉄線で結びつけられていた。顔は認識できないほどに損傷していたが、指についていたリングでエメット本人であることが判明した。母親のメイミは、すぐに埋葬することは断り、棺桶に入れて、ふたを開けたまま四日間衆目に触れるようにしたいと申し出た。南部の白人が「私の息子にしたことをみんなに見せてやる」ために。一〇万人もの人びとがエメットの切り刻まれた遺体を見にやってきた。

エメット・ティル

一方、ロイと彼の兄弟は、エメットの誘拐容疑で捕えられたが無罪になった。白人男性のみで構成された陪審員は、ジム・クロウ流の判決を下した。『ルック』誌のインタビュー記事において、彼らはエメットを誘拐して殺害したことを認めた。また、別の雑誌は、シカゴで撮られたエメットの

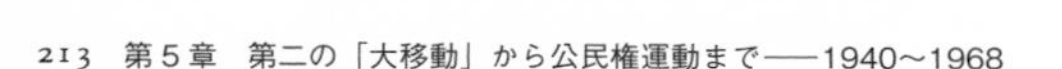

遺体の写真を掲載した。この写真は、全米に住むアフリカ系アメリカ人とその支援者に公民権運動の本格的な動きを後押しした。

†公民権運動とブラックパワー運動

「公民権運動」の時期は一般的に一九五四年に米国連邦最高裁判所が「分離すれども平等」を違憲と判決したときから、一九六八年にマーティン・ルーサー・キング・ジュニアが暗殺された年までをさす。「公民権運動」が南部を中心とした運動であるのに対して、南部黒人の北部への大移動の結果、都市部を中心に起きた黒人運動が「ブラックパワー運動」として知られる。

この二つの黒人運動は、互いに影響を与えながら同時進行していったが、メディアの注目は公民権運動により大きく集まった。一方、広いとらえ方をすれば、アフリカから奴隷として連れてこられたときから現在に至るまでの四世紀にわたる黒人の権利獲得の闘争すべてが公民権運動であるという意見もある。それはそれで論拠はあるが、本書では便宜上、一般的にいわれている一九五四年から六八年までの南部を中心とした運動を公民権運動の時期としてとらえたい。

†運動の始まり

南部諸州においてジム・クロウ法の影響が最も顕著に表れたのは、バスや路面電車の白人席と黒人席を分ける目に見えない境界線であった。前方は白人席、後方は黒人席と決められていた。当時、アラバマ州モンゴメリーの市営バスには三六の座席があった。バスの中に白人が一人もいなかったとしても、前方の一〇席は白人のために確保されており、後方の一〇席は黒人のためのものとされていた。問題は中央の一六席にあった。その領域は曖昧で、黒人もこれらの座席に座ることができたが、白人のための区画が満員で、さらに白人がバスに乗ってきた場合には、白人に席を譲らねばならなかった。

デパートで裁縫婦として働いていたローザ・パークスは、地元のNAACPのメンバーでもあった。実際、地方支部のリーダーの秘書として、黒人に対する差別と不当な待遇の事例を記録する役割を担っていた。一九五五年一二月一日木曜日、仕事が終わって帰途につくため、バスに乗ったローザ・パークスは、運転手が一〇年以上前に一度もめたことがあった相手であることに気づいた。バスに乗ると、中央の一六席の中の空席に座り、次の停留所で数名の白人の乗客が乗り込むと、前方の一〇席は満員になり、白人が一人立っている状態になった。運転手は中央に座っている黒人の乗客たちに席を明け渡すよう呼びかけた。ローザ・パークスを除く全員がそれにしたがった。席を空けることを拒んだローザ・パークスはその後、運転手の通報により警察に逮捕され、アラバマ州のバス分離法に違反したかどで告発された。

裁判は翌週の月曜日、一二月五日に行われることになった。金曜日の早朝までに、黒人リーダーたちのグループが、彼女の裁判の行われる月曜日にバス・ボイコットをするよう呼びかけるビラを三万五〇〇〇枚印刷し、金曜日の日中に職場や学校で配った。金曜日の夜、黒人の牧師や地域のリーダーたちは、月曜日の抗議ボイコットを支持するか否かを議論するために集まり、一日限りのボイコットを支持すること、日曜日の説教の際にボイコットについて話すこと、そして月曜日の夜に再び集まることで合意した。

後述するように月曜日のボイコットは大変な成功をおさめ、その午後、黒人リーダーたちは夜に行われることになった集会で今後について検討した。そしてモンゴメリー改善協会(MIA)が設立され、新たに着任したマーティン・ルーサー・キング・ジュニア牧師が代表に選ばれた。

映画『ロング・ウォーク・ホーム』(*The Long Walk Home*)は、当時の状況を知るには格好のストーリーで、この事件を鋭い洞察力をもって描いている。毎日学校や職場へ歩いて通うこと、自分たちの所有する車をタクシー代わりに提供してくれる好意的なドライバーたちの協力、士気を維持するための大衆集会、キングやほかの黒人リーダーたちの自宅の爆破、そして、バスの分離に二度と屈しまいとする黒人たちの決意等が映画の中で描かれている。

普段から市営バスを利用する五万二〇〇〇人の乗客のうち四万人は黒人であったが、その九九パーセントがバスの利用を控えたので、月曜日のボイコットの日のバスはがらがらだった。バス会社や黒人差別をしていたダウンタウンの商店は、黒人のボイコット運動により経済的打撃を受けた。しかし、それでもなお、白人の商店側にも屈する様子はなかった。

逮捕され指紋を採取されるローザ・パークス（Universal Images Group/アフロ提供）

その後、黒人のリーダーたちは「不法な」ボイコットを指導したかどで告訴され、他方、バス会社が黒人の乗客たちに差別的待遇をしたとの理由で、それぞれ告訴された。この訴訟は一九五六年一二月二〇日、連邦最高裁判所において、黒人側の勝訴で結審した。公共の乗り物での座席の分離を支持する州法と市の法律は違憲であるということになったのである。モンゴメリーのバス・ボイコットによって、南部黒人の抵抗は全米に広がっていった。しかし、この運動の盛り上がりの背景にはブラウン判決とエメット・ティルの殺害事件があったことを忘れてはならない。

†一歩前へ

アフリカ系アメリカ人たちはブラウン対トピーカ教育委員会事件での判決に喜び、すぐにも整った施設、優れた教科書、そして優秀な教師に恵まれた公立学校に通えるものと期待に胸をふくらませていた。また、最終的にほかの市民たちと同等の教育の機会を得ることができるだろうと思っていた。しかし一九五七年九月、アーカンソー州の州都リトルロックでの高校の人種統合の試みは、平等な社会の実現が容易ではないことを示す結果となった。

かつては白人のための学校であったセントラル高校に通うことが決まった初の黒人の生徒たちは、慎重に選出され、予想される白人たちの抵抗にどのように対応すべきかについても事細かに指導された。しかし、黒人生徒の入学を断固として阻止するため、白人の暴徒たちが学校を取り囲み、その数は予想をはるかにこえるものであった。また、アーカンソー州知事までもが州兵に命じて学校を取り囲み、その結果、黒人の生徒たちが中に入れなくなってしまった。

結局、この問題は連邦政府をも巻き込む出来事となり、ドワイト・D・アイゼンハワー大統領がライフルで武装した連邦軍を急遽派遣し、九人の黒人の生徒たちの安全を確保しなければならない事態に発展した。なんとか黒人の生徒たちは入学できたが、その後も嫌がらせは続き、子どもたちの自宅に脅迫電話が入ることもあった。九人のうち八人はなんとか学年の最後まで残り、一九五八年、はじめての黒人生徒が卒業した。卒業式では、警察官と連邦軍が護衛に立った。集まった人びとは白人生徒が卒業証書を受け取るたびに拍手をしたが、黒人生徒アーネスト・グリーンが証書を受け取ったときには、沈黙がその場を支配した。

白人生徒に罵声を浴びせられる黒人生徒エリザベス・エックフォード（ZUMAPRESS/アフロ提供）

一九五八年九月に始まる年度で、アーカンソー州は、州の助成金を受けているという理由で「公立」になっていた公立学校の人種統合を免れるため、新たな方法を発見した。州はあっさりと公立高校のすべてを閉鎖してしまったのだ。その一年を通じて、白人の生徒たちの中には学校にまったく行かない者もあれば、即座に創立された白人のための私立学校に行く者もあった。なお黒人も公立校に通うようになったために「白人のための私立校」に転校する動きは、「白人の逃避」と呼ばれ、以降数十年にわたって南部ではめずらしくない現象となった。

†戦略としての座り込み抗議

リトルロックのセントラル高校統合から二年後、ノースカロライナ州グリーンズボロの安売り雑貨店で、大学の新入生グループが食堂（ランチカウンター）での人種統合を求め、新しい抗議のあり方を考え出した。ノースカロライナ農業技術大学（全学生が黒人だった）の四人の学生たちは、分離を廃止するために何ができるかについて徹夜で議論した結果、白人の客はサービスを受けることができ、黒人の客はできないというジム・クロウ法によるランチカウンターの人種隔離をなんとか解決せねばならないという点で意見が一致した。

一九六〇年二月一日、四人の学生のうち二人が店に入り、商品を二、三買ったあと、ほかの仲間二人とランチカウンターに座りコーヒーを注文した。白人のウエイトレスは「悪いけど、黒人の注文は受けられないの」と言った。学生たちは、自分たちが買った商品の代金を店員は「受け取った」ばかりであり、自分たちがほかの客と同じようにコーヒーを注文してはいけないというのはおかしいと、落ち着いて意見した。学生たちの抗議は受け入れられなかったが、店が閉まるまでの三〇分間、学生たちはカウンターに座り続けた。

別の日に再び店にやってきた学生たちは、仲間の学生二〇人を連れていた。彼らは午前中に入店すると、そのまま一日中、店に居座った。その日もコーヒーは提供されなかった。この座り込み抗議（sit-in）というデモの方法は広まり、間もなく街中の雑貨店で学生たちがこの手段をとるようになった。毎日毎日、黒人学生たちはカウンター席をあるだけ埋め尽くし、注文を聞きに来るのを待ちながら一日を費やし、閉店時間になると店を出ていくのだった。この戦略が南部中に広がるにつれ、ランチカウンターを閉めてしまう店やデモの参加者たちを「不法侵入」のかどで逮捕させる店も出てきた。

グリーンズボロに続いたノースカロライナ州シャーロットの抗議（1960年2月9日）（Science Source/アフロ提供）

最初の運動から二週間も経たないうちに、座り込み抗議は一五の都市で五四回行われ、一九六〇年末までに、約五万人が参加した。デモ参加者の大半は若い大学生であり、彼らはジム・クロウ法による差別への抗議として、平和的なこの方法を選んだ。そして罰金を払って釈放されることよりも、おとなしく刑務所に入り、郡の労役所で働く道を選んだ。

ついには、グリーンズボロやその他のいくつかの南部の店が、根負けして黒人客の注文を受け入れるようになった。やがてこの非暴力的な抗議の形式は、人種分離が行われている公共の図書館、映画館、娯楽施設や企業などにも広まっていった。

†フリーダム・ライダーズ

一九六一年、公民権運動の新たな独創的な動きが生まれた。それは、白人と黒人のグループが、連邦法で保障する州間交通での人種統合を実行しようと試みたことだった。市営バスの規則が市や州の法律、すなわち地元のジム・クロウ法の統制下にあるのに対し、州間交通の規則は連邦法のもとにあった。北部では、州間運行バスであるならば、黒人も白人も好きな座席に座ることができたが、南部に入ると座席はやはり分離され、白人は前方に、黒人は後方に座らねばならなかった。

「フリーダム・ライダーズ」として知られるようになった運動家たちは、白人の参加者をバスの後方の座席に、黒人の参加者たちをバスの前方に座らせ、連邦法がどこまで適用されるのかを試した。バスが北部の州から南部の州へと入っていっても、参加者たちは白人は前、黒人は後ろというジム・クロウ法の慣例に従おうとはしなかった。さらには、すべての休憩所において、黒人の参加者はあえて白人専用の設備――ベンチ、トイレ、水飲み場、そしてランチカウンター――を使用し、白人の参加者たちは黒人専用の設備を使用した。その年の五月四日、フリーダム・ライダーズはワシントンDCを出発し、南部の北方（バージニア、ノースカロライナ）から深南部（サウスカロライナ、ジョージア、アラバマ、ミシシッピ）を通ってニューオーリンズまでを旅し、その途中にある支援団体に働きかけ、休憩所ごとに隔離された設備の使用に挑戦していこうとしていた。

アニストンで火を放たれたフリーダム・ライダーズのバス
（Universal Images Group/アフロ提供）

しかし、五月一四日、アラバマ州アニストンで参加者の一団は五〇人の白人からなる暴徒に襲撃された。暴徒たちはバスを襲ったが、バスの中に押し入りはしなかった。警察はバスが到着しても、一五分経過するまでは出動しないことを暴徒と申し合わせており、そしてようやく現われた警察は、暴徒を取り締まりもせず、バスがターミナルを出発できるように交通整理をしただけだった。

周囲に何もない町外れのハイウェイでは、三〇〜四〇台に及ぶ自動車とトラックの行列がバスを止め、バスを横転させようと揺らし、参加者たちを襲撃した。バスには火が放たれ、フリーダム・ライダーズは暴徒たちに殴打され、リンチの危険にさらされたが、この事件で告発された白人暴徒は一人もいなかった。このような暴力的な反対運動にあいながらも、ひと夏を通じ、三〇〇人を超えるフリーダム・ライダーズたちが連邦最高裁の判決を盾に、州間運行バスの人種統合を実現すべく深南部への旅を続けた。

†特別な年――一九六三年

一九六三年は、南部の公民権運動に関して非常に重要な出来事が次々と起こった特別な年であった。

アフリカ系アメリカ人のメドガー・エヴァーズは、第二次世界大戦から帰還した後、故郷であり、深南部で最も人種差別色の強い州の一つでもあるミシシッピ州で、黒人の地位向上のため尽力していた。一九五四年にミシシッピ大学の法科大学院に入学しようと試みたが、黒人であることを理由に入学を拒否されたエヴァーズは、その後、ミシシッピ州のNAACP初の「フィールド・ディレクター」(地域統括責任者)に任命され、州内で起きた黒人殺害事件を調査・報告して写真で記録する仕事を始めた。こうした事件の多くは地元の警察官に無視されており、彼の調査には、エメット・ティル殺害事件の証拠と目撃者を探すことも含まれていた。

一九六二年にエヴァーズは、ジェームズ・メレディスという大胆不敵な黒人空軍退役軍人がミシシッピ大学に入学するのを手助けすることになる。また、黒人にトイレの使用を許可しない商店に対する不買運動を指揮したり、選挙投票運動を展開したりしていた。

一九六三年六月一一日、ジョン・F・ケネディ大統領はテレビの全国放送で、小売店、劇場、レストランやホテルを含む公共の施設を、人種にかかわらず、すべてのアメリカ人が利用する権利を保障する法案を議会に提出すると発表した。のちに、その法案は人種分離を禁止し、また人種差別が行われた地方事業に対しては、連邦政府からの補助金の支給を取りやめる公民権法として一九六四年に成立した。またケネディはこの放送で選挙に参加して投票する権利についても述べているが、のちに少なくとも六年制教育を終えた選挙権取得年齢にある市民なら誰にでも投票する権利を保障する投票権法も一九六五年に成立した。

ケネディ大統領がテレビとラジオを通じて、この新しい連邦公民権法案を国民に示した翌朝早くの出来事だった。地元の白人市民協議会のメンバー、バイロン・デ・ラ・ベックウィスが、ミシシッピ州ジャクソンにあるエヴァーズの自宅近くで待ち伏せし、エヴァーズが駐車した車から家に向かって歩いていくところを銃で狙撃し、殺害した。ベックウィスはすぐに逮捕され、殺人の容疑で起訴されたが、ほかの南部白人と同様、白人の陪審員たちは自分を有罪にはしないと確信していた。実際、彼は正しかった。二度裁判にかけられたものの、無罪という結果に終わったのだ。しかし、話はここで終わりではない。一九九四年に地方検事補ボビー・デローターが再び訴訟を起こした際に、ベックウィスは三一年ぶりに有罪とされ、終身刑を言い渡された。殺人、そして最終的な有罪判決の物語は、映画『ゴースト・オブ・ミシシッピ』(*Ghosts of Mississippi*)の題材となっている。

一九六三年の二度目の暴力事件は、黒人にとって最も危険な都市の一つ、アラバマ州バーミンガムで起こった。それまでの七年間に、黒人街やユダヤ教会での未解決の爆破事件が一八件も起きていたところだ。爆破は地元のKKKに所属する元軍隊の弾薬の専門家や鉱山労働者たちによって実行された。彼らは夜中に一切の警告なしに、白人リーダーたちの暗黙の了解を得て襲撃していたが、そうした白人リーダーの中に、市の公安委員であるユージーン・〝ブル〟・コナーもおり、KKKのメンバーが市の警察や消防署からの妨害を受けずに活動を実行できるよう手はずを整えていた。

地元の黒人牧師であり、マーティン・ルーサー・キング・ジュニアとともに南部キリスト教指導者会議(SCLC)を創立したフレッド・シャトルズワースは、彼の一六番通りバプティスト教会を本部とし、バーミンガムの人種差別を廃止する運動を起こそうとしていた。その計画はダウンタウンの商業地に向けられていた。アフリカ系アメリカ人は市の人口の約四割を占めていたため、ダウンタウンの街路を行進し、黒人を差別する店の前でピケを張り、そのような店で買い物することを拒否すれば、店が彼らを顧客として平等に扱うはずだと運動家たちは信じていた。抗議はランチカウンターでの座り込み抗議から始まったが、抗議者たちは直ちに逮捕され投獄された。そしてキング牧師も行進に参加するためにバーミンガムを訪れ、直ちに逮捕され、投獄された。獄中で彼は『バーミンガム刑務所からの手紙』(*Letter from a Birmingham Jail*) を書き上げ、アフリカ系アメリカ人に「忍耐強く」、徐々に「変化が起こるのを待つ」よう呼びかけ、白人たちを強く非難した。

逮捕され、拘置所に向かう子どもたち（1963年5月4日）（AP/アフロ提供）

　差別廃止の抗議の行進が続くにつれて、黒人の大人たちは活動に参加したり投獄されたりしているうちに職を失い、家族を養えなくなることを心配した。そのような経済的困窮を避けるため、黒人のリーダーたちは小学生から高校生までの黒人の子どもたちを町に送り込むことを決意した。五月二日、一〇〇〇人近くの黒人の子どもや若者たちが抗議のために行進し、すぐに刑務所に放り込まれた。翌日、新たに一五〇〇人が行進のために教会に集められた。彼らが教会を出発すると、市の消防士たちが高圧ホースを向けて放水し、歩道に次々になぎ倒していった。また、六人の警察犬調教者たちが出動して、デモ参加者たちに犬を放ち、嚙みつかせた。

世界中の何百万人もの人びとが、テレビの画面で、白人警察官と消防士がこれらの若く、平和的な黒人デモ参加者たちを襲撃する様子を恐怖感を抱きながら見つめていた。この事件の後、さらにいくつかのデモ、逮捕、そしてメディアの市に対する否定的な報道があった後、白人たちは、店のランチカウンター、トイレ、試着室、水飲み場における差別の廃止を発表した。そして、黒人の販売員と事務員の雇用を約束し、和解の交渉を始めた。その結果、投獄されたデモ参加者の全員が釈放され、最終的にすべての告訴が取り下げられた。

その発表がなされた夜、KKKが二つの爆弾事件を起こした。標的の一つはキング牧師の弟の家で、もう一つはキング牧師がしばしば滞在していたホテルだった。これらの爆破から始まった白人の暴動を鎮圧するため、ケネディ大統領は近くの陸軍基地から兵士たちを送り込まなければならなかった。

†ワシントン大行進

公民権運動家たちのグループは、ケネディ大統領の提案する公民権法案の可決を求め、一九六三年八月二八日にワシントンDCで大規模な行進をすることを計画した。この年はリンカーン大統領による奴隷解放宣言の一〇〇周年にあたり、おもなイベントはリンカーン記念堂前で行われた。

ＮＡＡＣＰと人種的平等評議会（Congress of Racial Equality：ＣＯＲＥ）の黒人リーダーたちは、年内の公立学校の統合を含む、真に効力のある公民権法の可決、さらに、公正な雇用の実施、職業差別の撤廃、職業訓練と就職斡旋を保障する法案の制定を議会で通すことを堅く決意していた。主催者たちは一〇万人のデモ参加者たちを見込んでいたが、実際には二五万人を超える人びとが、車や飛行機はもちろんのこと、貸し切りバスや列車を使って次々と到着した。それはアメリカ史上、人権を求める最大のデモとなった。

ワシントン大行進で演説するキング牧師
（アメリカ国立公文書記録管理局蔵）

偉大な歌手マリアン・アンダーソンが「ヒーズ・ガッ・ザ・ホールワールド・イン・ヒズハンズ」（He's Got the Whole World in His Hands）を歌ったほか、ゴスペルの女王マヘリア・ジャクソンが黒人霊歌の「アイヴビーンバックト・アンド・アイヴビーンスコーンド」（I've Been Buked and I've Been Scorned）を歌った。一〇人ほどの公民権運動家たちが明確な変化を求めて演説したが、皆の記憶に残るスピーチをしたのはマーティン・ルーサー・キング・ジュニアだった。奴隷解放宣言から一〇〇年後、「黒人はまだ自由ではなく」、人種隔離と人種差別に束縛されており、「自国の中で追放されている」かのように貧困とともに暮らしていることを述べた後、キング牧師は目的の一致と人種の融合というメッセージを語った。彼の演説「I Have a Dream」は、一瞬にして、公民権運動の象徴となった。

ワシントン大行進は大成功をおさめたが、そのわずか一八日後、九月一五日の日曜日に、バーミンガムのKKKが、一六番通りバプティスト教会の地下室を爆破し、聖歌隊の衣裳に着替えようとしていた四人の黒人女子生徒たちを殺害した。この事件によりキング牧師の演説によって生まれていた希望の大半が、一瞬にして消え失せた。さらに追い打ちをかけるように、一一月二二日、アフリカ系アメリカ人の権利を保障する法案を成立させるよう米議会に求めていたケネディ大統領が、テキサス州のダラスで暗殺された。頂点に達したかのように盛り上がった公民権運動だったが、連続して起きた悲劇が黒人と運動家たちを失意のどん底に落とした。

†KKK再び（一九六四年）

一八六〇年代後半に登場して以来、KKKは二〇世紀初頭の数十年間にわたってその実体を再び見せたが、三度目の登場がおよそ一九六三〜七〇年のあいだであった。公民権運動の加速化と連邦政府が「州権」を干渉しているという強い思い込みによって過激になった南部白人たちは、休眠状態にあるKKKを復活させることを決意したのだ。

この頃、黒人・白人の男女数百人の学生たちを北部の大学から連れてきて、ミシシッピの町で夏を過ごさせ、黒人たちの有権者登録を手伝わせるというミシシッピ州「フリーダム・サマー」計画がCOFO（連合組織協議会）の主催で行われることになった。この計画を知った白人たちは、ロバート・シェルトンを団長とする民族主義・人種差別主義者団体「ユナイテッド・クランズ・オブ・アメリカ」（UKA）を設立した。

一九六四年までに、KKKの「白騎士団」と呼ばれる非常に暴力的な秘密主義の分派は、約二〇〇人の会員を集め、会員総数でUKAを上回るようになった。彼らは保安官、地元の警官やハイウェイ・パトロールらを会員に取り込み、一八〇回以上の十字架の焼却、無数の発砲、そして黒人市民への鞭打ちなど、州のいたるところで破壊と暴力行為を働いた。KKKのイデオロギーと暴力的な戦法の使用に賛同しない南部の白人たちは沈黙を貫いたが、それは彼らが、南部の黒人たちと同じくらいKKKを恐れていたからである。

公民権運動の推進者や地元の白人の協力者たちへの暴力は、ミシシッピ州に「フリーダム・サマー」が近づくにつれ、激しさを増した。黒人たちの家と約三四の黒人教会が爆破され、八〇人以上の公民権活動家たちが白人の暴徒または人種差別主義者の警察官たちに襲われた。悪名高い公設の人種差別監視機関、ミシシッピ州主権委員会は、州外の公民権運動に関わる人びとの車のナンバープレートの番号を地元の保安官たちに知らせ、活動家たちを攻撃したり脅迫したりした。この情報を利用した者たちのなかには、ミシシッピ州ＫＫＫの「白騎士団」の新たな「魔の帝王」に選ばれたサム・バウアーズがいた。バウアーズは人びとや建物への攻撃を命令するときに暗号を使った。「1」は十字架の焼却、「2」は鞭打ち、「3」は火炎瓶、「4」は殺人だった。ある情報提供者が後にＦＢＩに語ったところでは、バウアーズだけが、「3」や「4」を命じることができたという。バウアーズは三人の公民権運動活動家たちに対して「4」を実行するよう、後述するエドガー・レイ・キレンに命じていた。

一九六四年六月二一日に、三人の公民権運動家たちがミシシッピ州ネショバ郡フィラデルフィアに入り、近隣の黒人教会で起きた火災を調査していた。彼らの乗った車はすでに標的リストに登録されていた。地元の警察がジェームズ・チェイニー（黒人のミシシッピ州在住者、二一歳）、アンドリュー・グッドマン（白人のニューヨーク州在住者、二〇歳）、そしてマイケル・シュワーナー（白人のニューヨーク州在住者、二四歳）を交通違反という口実で逮捕し投獄した。彼らはその日の夜遅くに釈放されたが、同行した副保安官によってＫＫＫに引き渡され、二度と生きて帰ることはなかった。これは映画『ミシシッピ・バーニング』で扱われている。映画は事件の真実とは異なり、脚色した箇所が少なくないが、事件に関わった人びとの人種差別主義的な態度は正確に伝えている。

ＦＢＩ長官であるエドガー・フーバーは、しきりにキング牧師が共産主義者で女たらしであることを証明しようとし、また、公民権運動家たちを守るのはＦＢＩの時間と人員の無駄遣いであると感じている人物であったが、ＦＢＩが三人の失踪者たちの調査に情熱を注いでいること、またその調査をする能力があることを全米に示す必要があった。この事件に関してはいくつもの矛盾する話があり、少なくともその一部は信用できるのだが、情報提供者が三人の活動家たちの埋められている場所をＦＢＩに話したのは、三万ドルの報酬があったからだということになっている。死体は殺害されてから四四日後に発見された。

一二月になって容疑者が逮捕されたが、司法省が殺人に共謀したとして一八人の容疑者を告発したのは、一九六七年一〇月だった。すべて白人で構成された陪審員たちは二日かけて七人の被告は無罪、三人の被告については有罪と無罪が同数、郡の副保安官でＫＫＫのメンバーであるとわかったセシル・プライスを含む七人の被告は有罪であるという結論に達した。有罪となった人びとは、「殺人」ではなく「共謀」によって有罪とされた。ミシシッピ州では、ＫＫＫのメンバーが州立裁判所において殺人罪に問われたことは一度もなかった。しかし、それでもこれは飛躍的な進歩であった。アメリカ市民の黒人と白人の公民権運動家たちの生命や権利を奪うことを共謀したかどで白人が有罪にされたのは、ミシシッピ州の歴史上、はじめてのことだったのである。

無罪とされた被告の中には「牧師」として知られていたエドガー・レイ・キレンがいた。まったく反省の色がうかがえないキレンをはじめその仲間たちは、裁判の後に無罪放免になったが、それは陪審員の一人がバプテスト派の「牧師」を有罪にすることはできないと言ったからだった。しかし二〇〇五年、再開された調査で、キレンが実際に三人の運動家たちの殺害を計画した人間であるということが立証され、最終的に過失致死罪で有罪となった。

†一九六五年、南部

その頃、アラバマ州の小さな町セルマでは、投票年齢の人口のおよそ半分を黒人たちが占めていたにもかかわらず、白人の投票登録者の割合が六五パーセントであるのに対し、黒人の割合はわずか一パーセントだった。地元の白人社会は考えられるあらゆる手段を使って、黒人社会に政治的な権力が渡ることを阻止していたのだ。ほかの南部の都市や郡の場合と同じように、学生非暴力調整委員会（ＳＮＣＣ）は、地元の黒人たちに必要な有権者登録用紙に記入する方法を教える講習会を開催したり、登録希望者たちが登録所に行くのに同行したりすることを始めた。ＳＮＣＣはまた、町の白人専用の劇場やランチカウンターでの人種差別を廃止することも試みていた。

黒人の運動家たちと地元の白人の法務官たちの一触即発の状況は、一九六五年三月七日の日曜日、黒人のデモ参加者たちが平等を求めて、セルマから州都モンゴメリーまではるばる行進をしたときに起きた。さまざまな人種からなるデモ参加者たちが、アラバマ川に架かり、モンゴメリーのハイウェイにつながるエドマンド・ペタス橋に至ったとき、ガスマスクをつけて棍棒を持った警察と州兵が壁を作り、彼らを止め、解散するよう命令した。そして、ほとんど間を置かず、警官たちは平和に行進をしてきた抗議者たちを棍棒で殴打し、催涙ガスを浴びせかけたのである。公民権運動のなかでの一つの重要なポイントであり、「血の日曜日」として知られることになるこの事件では、一〇〇人の負傷者が出た。

三月一五日にリンドン・ジョンソン大統領は、テレビに中継されながら、投票権法案を議会に提出した。アメリカの隅々にまで広がった大きな運動の一部として、セルマの事件に言及しながら「これはアメリカの黒人たちがアメリカ人の生活の恵みを十分に確保せんとする取り組みである。彼らの大義はわれわれの大義でもある。なぜなら、偏見と不公平という有害な遺産を克服せねばならないのは、黒人たちだけではなく、われわれすべてでもあるのだから。そして、われわれは勝利するだろう」と語った。ジョンソン大統領が全米ネットワークのカメラの前で公民権運動のフリーダム・ソングの中で最も有名な歌「ウィ・シャル・オーバーカム」(We shall overcome) を引用したとき、ある指導者は、椅子に静かに腰かけたキング牧師の頬に涙が伝うのを見たという。ジョンソンの演説は公民権運動を全肯定するものであった。

同年八月、投票権法が制定された。新しい法律は「連邦」の登記官を規定しており、これまで黒人有権者たちの登録を阻んできた識字テスト、憲法解釈試験、「善人」であることの要求、人頭税やそれに類するものを廃止する規定が明記されていた。憲法修正第一五条によって投票権は一世紀も前から黒人に対しても保障されていたが、「州権」によって実質的に、南部諸州がさまざまな措置を講じて投票を拒否することが許されてきた。しかしこの一九六五年の新しい法律によって、アフリカ系アメリカ人は有権者として登録する権利、そして彼らを代表することになる人びとに投票する権利を保障されたのである。

アフリカ系アメリカ人たちは直ちに実行に移した。たとえばミシシッピ州では、一九六四年に、投票年齢に達している黒人のうちたった六・七パーセントが有権者登録しているに過ぎなかった。しかし一九六九年までに、その数字は六六・五パーセントにまで跳ね上がった。類似の登録率は、南部諸州のすべてで確認できた。

「公民権法」(一九六四年)と「投票権法」(一九六五年)の可決をもって、公民権運動は転換点に達した。ジム・クロウ法を解体し、それによって南部に人種統合を実現し、そして黒人たちが民主的なプロセスに参加することを保障するための闘いは、少なくとも法的な面では目標が達成された。これらの法律を実施したり、白人たちの態度に変化が現れるにはまだしばらく時間を要したが、少なくとも表面上は、人種間の平等的な関係に向けて改善の兆しが見られた。

†マルコムX

南部の過酷な状況と比較すれば、黒人は北部もしくは西海岸では生活が改善されていたと思うかもしれない。たしかに、シカゴ、ニューヨーク、その他北部の都市に住んでいた黒人たちは、投票することもできれば、ランチカウンターの席につくことも、公共の交通機関で好きな場所に座ることもできた。しかし、居住環境は決して好ましいものではなかったし、就職先もきわめて限られていた。また子どもたちも隔離された質の劣る学校に通わねばならなかった。キング牧師がシカゴで語ったように「シカゴはまだ新しいエルサレムにはなっていない」のであった。しかし、キング牧師よりも、ゲットーの黒人たちにより親しみをもって迎えられたのは、先に触れた「ブラックパワー」の旗手マルコムXだろう。

「ブラックパワー」という言葉は、一九六〇年代の半ばまで「公民権」ほど認知されていなかったが、この運動の基本となる主張は、第4章でも述べた一九二〇年のマーカス・ガーヴィーの万国黒人向上協会（UNIA）にまでさかのぼる。ガーヴィーは、黒人が白人との社会的経済的平等を志向することができるという立場を拒絶し、「分離主義」と黒人の「自立」を強く主張した。そして、アフリカへの回帰を提案した。ガーヴィーの運動は最終的には破綻したが、その理想は受け継がれ、アメリカの民主主義には黒人を対等な存在として受け入れる能力がないという信念と黒人の民族自決への欲求は弱まることはなかった。それは北部の都市で成長を続け、ネイション・オブ・イスラム（NOI）を含む多数の組織となって結実した。

一九三〇年にウォレス・ファード・ムハンマドによって創立され、イライジャ・ムハンマドによって発展したNOIは、白人は悪魔であると説き、黒人はアメリカの人種的荒野にあって隷属状態を強いられていると説いた。また改宗者たちに、奴隷制時代に白人につけられた姓を拒否し、未知を表す「X」に置き換えることを求めた。ヨーロッパ人や白人たちとの和解や統合は不可能で、考えることすらできないという人種分離主義、黒人民族主義、そして独立独行と勤勉を説いた。ここで最も重要なのは、この組織が厳格な道徳的規律とイライジャ・ムハンマドの命令への完全服従を求めたことである。なかでもイライジャ・ムハンマドのメッセージを伝えることに専念していたのが、魅惑的な演説家であり論客でもあったマルコムXであった。

過激で好戦的なアフリカ系アメリカ人として、マルコムXはしばしばマーティン・ルーサー・キングと比較対照される。マルコムXは、アレックス・ヘイリーとの共著でマルコムの暗殺の九か月後に発売された『マルコムX自伝』（*The Autobiography of Malcom X*）とスパイク・リー監督の映画『マルコムX』（*Malcom X*）を通してよく知られるようになった。これら二つの作品はマルコムXを神格化した感はあるが、幸運なことにマニング・マラブル『マルコムX――再創造の生涯』（*Malcom X: A Life of Reinvention*）を読めば、活動家としての彼の思想や人生におけるさまざまな出来事に関してバランスのとれた情報を得ることができる。

マラブルは、マルコムは黒人の団結、自決、そして武装した自衛への必要性を強く信じていたという一般的な見方を支持もするが、公民権運動の指導者としてのマルコムの役割も評価している。一九五七年に、早くもマルコムは有権者登録や黒人教育のための闘いに関心を持つよう呼びかけている。そして、黒人の知識人や中産階級が、南部の黒人の小作人や北部のゲットーの貧しい黒人労働者たちを軽視していると厳しく批判している。一九六四年四月の有名な演説「投票か弾丸か」は、黒人が民主主義的な選挙権を行使することによる無血革命を構想するものであった。

マルコムX（1964年）（アメリカ議会図書館蔵）

組織としてのNOIは、基本的に、政治的な動きはみせなかった。宗教団体として課税を免れ続けるために、そうでなければならなかったからである。NOIはそのメンバーたちに公民権運動のデモに参加したり、市民としての抗議に加わったりすることで社会を混乱させることを意図していたわけではない。マラブルの研究は、マルコムがイライジャ・ムハンマドの支持する見解を積極的に推し進めていったと同時に、公民権運動家でもあったことを明確に示している。公民権運動は黒人たちがいつの日かアメリカの「白人の民主主義」の中で地位を得ることができるという誤った想定に基づいているというマルコムの見解ゆえに、マルコムが公民権運動の「外側」にいたという印象を人びとに与えるかもしれない。しかし、実際は、南部のジム・クロウ法による人種隔離と北部の人種差別の現実に関する所見を率直に、そしてやや無愛想に述べただけであったのだ。

マルコムXがNOIを拡大するのに貢献したことは、組織の指導部の中に羨望、恨み、不信を呼び起こした。ほかの多くのリーダーたちにとって、マルコムの突出した存在感は、イライジャ・ムハンマドへの脅威と映った。また演説でケネディ大統領の暗殺に言及したこともあり、マルコムはNOIから一時的な活動停止を言い渡された。一九六三年末、マルコムとNOIの亀裂は深まり、組織の中でマルコムは急速に好ましからざる人物とみなされるようになった。

一九六三年から六四年にかけて、マルコムはすべてのイスラム教徒に求められているメッカへの巡礼を実行するために中東へ旅した。巡礼での経験は、マルコムを大いに変えることになった。まず第一に、イスラム教徒の「多民族的」な性格に圧倒された。そして、NOIの宗教観がいかに歪んだものであったかを悟ることになった。中東で観察したイスラム教徒たちは、イライジャ・ムハンマドが説教した人種間の対立ではなく、「すべての人類の平等」を強調していた。マルコムは正統的なイスラム教に転向し、それまでのやり方をすべて捨て去って、やり直す決意を胸にアメリカに帰国した。

一九六四年五月にニューヨークに着くと、これまでのイメージを徹底的に変える作業に取りかかった。まず外見から変えることにした。名前はエルハッジ・マリク・エルシャバズを名乗り、長い髪と髭を生やした。そして新しいメッセージはさらに驚くべきものだった。「分離はアフリカ系アメリカ人の目標ではないが、統合もその目標ではない。それは真の目標、すなわち人間としての尊重に至るための単なる手段にすぎない」と述べたのである。NOIのスポークスマンとして信奉していた急進的な立場から身を引き、かつて「白人迎合者たち」として激しく非難していた公民権運動家たちや、アメリカ黒人を誠実に支援している白人たちと協力関係を築きたいとも言った。しかしその新しく表明した信念をもとに、どういった方向に進んでいくつもりであったのか、残念ながら今となっては知る由もない。

マルコムXは、一九六五年二月二一日、新たに創立したアフリカ系アメリカ人統一機構（OAAU）の集会で、ニューヨークのハーレムにあるオーデュボン舞踏場の演壇に立った。そして、三人の黒人イスラム教徒たちの標的となり、凶弾に倒れてしまった。ほどなくOAAUは崩壊したが、マルコムが伝えたメッセージは死後も長らく人びとの心の中に生きつづけた。マルコムのメッセージは、黒人社会だけでなく、世界中の抵抗運動の象徴となった。そして、多くのアフリカ系アメリカ人からブラックパワーの象徴として信奉されるようになった。

†たいまつを運ぶ

「ブラックパワー」の象徴的存在がマルコムXだということに意義をはさむ人は少なかろうが、実際にこの言葉を生んだのは、こちらも十分にカリスマ性のあったストークリー・カーマイケルであった。一九四一年にカリブ海のトリニダード・トバゴで生まれ、一九五二年に家族とともにハーレムにやってくると、カーマイケルは大学の夏休みにCOREフリーダム・ライドに参加し、アラバマ州の田舎でSNCCの主宰者となった。一九六六年にはSNCCの議長に就任したが、その当時はまだ、この組織は公民権運動の主流派と密接な関わりを持っていた。

カーマイケルはやがて、平和的な対立から、より強硬な姿勢に態度を変節させ、公民権運動家の古い世代の和解主義と明確な区別をつけるために「ブラックパワー」という言葉を使った。とりわけ一九六五年から六八年の間に起きた北部の都市暴動を背景に、「ブラックパワー」はゲットーの雰囲気に完璧に馴染んでいた。とりわけ怒りの矛先が警察の黒人に対する残虐行為に向けられたときはそうだった。

過激な思想を持つ黒人の活動家たちは、キング牧師の「すべての人種の友愛」よりもカーマイケルの「ブラックパワー」への呼びかけに共鳴した。戦闘的なブラックパワー集団である

「ブラックパンサー」は、一九六六年にハーレムで誕生し、その数か月後に、のちに有名になる西海岸支部が誕生した。

西海岸支部のリーダーの一人ヒューイ・ニュートンとボビー・シールは、カリフォルニア州のサンフランシスコ湾岸にあるオークランドで、警察の残虐行為から黒人の居住地区を保護することを目的にこの支部を創立した。黒人民族主義とマルクス主義のイデオロギーを信奉するパンサーのメンバーは、徴兵の免除、奴隷制度に対する賠償、そして全米の拘置所と刑務所にいるすべての黒人の囚人の釈放を求めた。自衛のために武器を携帯することを推奨したが、それは警察が彼らを守ってくれないという理由からだった。黒い革のジャケット、弾帯、ベレー帽を身につけたブラックパンサーは、やられっぱなしの黒人にとってはとても魅力的な存在に映った。

ヒューイ・ニュートンが写ったブラック・パンサーのポスター（アメリカ議会図書館蔵）

彼らは黒人の居住地区をパトロールし、貧しい黒人の子どもたちに朝食を無料で提供し、地区の無料の診療所のために医者を雇い、有権者登録運動を実施したが、銃を所持するイメージが先行しがちだった。一九六七年にカーマイケルに代わってSNCCの議長になったH・ラップ・ブラウンが扇情的な演説をするようになってからは、その傾向がいっそう強くなった。

彼らは活動のピーク時には、約二〇〇〇人のメンバーを抱え、多くの都市に支部があった。その後、カリフォルニア、ニューヨーク、シカゴで警察との銃撃戦が交わされるようになると、メンバーは減少してしまった。しかし、ブラックパンサーの発したメッセージと弱者救済の活動は、黒人の心の中に生きつづけている。

†都心暴動の衝撃

黒人たちは、劣悪な住環境、失業や貧困だけでなく、警察の暴力にも日々直面していた。アメリカの都会で起きた最も破壊的な暴動の一つは、黒人の運転手と警察の対立から始まった。この事件はシカゴやニューヨークなど北部の都市ではなく、西海岸のロサンゼルス南部の黒人地区で起きた。

一九六五年八月一一日、カリフォルニア州のハイウェイ・パトロールの警官が、車線を横切りながら蛇行運転をする車を道路の片側に寄せた。運転手は若い黒人の男性で、酔っ払っていることは明白だった。しかし、運転手の母親と隣人たちが車の周りに集まり警官と対面すると、事件はたちまち拡大した。その後に何が起きたのかは、人によって話が異なるのだが、いずれにしても緊張状態は沸点に達し暴力が暴力を呼んで、後に「ワッツ暴動」として知られる大暴動となった。それは北部の都市で起きたどの暴動よりも血なまぐさく、三五人が死亡し四〇〇〇人が逮捕され、破壊による被害額は二億ドル以上にのぼった。

「ワッツ」は公民権運動の評価に関わる重大な事件となった。この暴動をきっかけに、かつて黒人は「罪のない犠牲者」であるとの同情的な見方をされていたが、「恩知らずの略奪者」や「放火犯」と見なされるようになった。世論調査では、公民権運動への白人層の支持率は下がり、「白人の反発」と呼ばれる事態が生じた。多くの白人は人種統合が「あまりに速く進みすぎた」と感じていた。また、アフリカ系アメリカ人たちはすでに同等の待遇を勝ち取っており、「多くを求めすぎている」と主張した。

†一九六八年四月四日――キング牧師暗殺

一九六八年二月、テネシー州メンフィスの黒人ごみ収集作業員がストライキを起こした。その原因はある日、二二人の黒人労働者たちが悪天候のために帰宅させられ無給休暇となったが、白人労働者たちはいつものように働き給料が支払われたことにあった。黒人労働組合は、この差別的な行為を表沙汰にするためにストライキを引き起こし、より高額の賃金、安全な労働条件、そして白人労働者と同等の諸手当を要求した。この動きはやがて都心の商店も含んだ広範なボイコットへと発展していった。

キング牧師は、この話を耳にすると、予定されていたワシントンDCでの仕事も断り、メンフィスのごみ収集作業員たちを手助けするためにテキサスに赴いた。そして四月三日、ストライキを支援する黒人集会の演説で、「私は皆さんと共に行けないかもしれないけれど、同じ民として私たちはきっと約束の地に達するでしょう」という、かつてイスラエル人をエジプトでの奴隷状態から救ったモーセの言葉で締めくくった。そして黒人の聴衆たちにとって、その予言的な言葉の記憶もまだ新鮮な翌四月四日の夕刻、ロレイン・モーテルのバルコニーに立っていたキング牧師は、白人のジェームズ・アール・レイが放った高性能ライフルの凶弾に倒れた。

キング牧師暗殺の悲報が全米を駆け巡ると各地で暴動が起きた。一三〇の都市で起こった暴動によって破壊された建物などの被害額は約一億ドルにもなった。連邦軍が動員され、ワシントンDC、シカゴ、ボルチモアの一部を文字どおり埋め尽くし、人種の対立による暴力が同時多発的に起きた一週間となった。

約二か月後の六月五日には、大統領候補のロバート・ケネディがロサンゼルスのアンバサダーホテルでサーハン・サーハンの凶弾に倒れ、翌朝息をひきとった。一九六八年、その年は公民権運動もまた葬り去られた年であったのかもしれない。

第6章

公民権運動後からオバマ政権まで——一九六八〜二〇一七

†一九六八年――公民権運動の後

公民権運動は当初、黒人を人間以下に扱うジム・クロウの法と社会慣行が蔓延していたアメリカ南部を中心に展開していた。しかし、一九六〇年代後半から七〇年代にかけて、キング牧師をはじめとする黒人指導者たちは、南部に限らず全米で黒人や他のマイノリティに関わる問題に取り組み始めていた。実際、人種差別は南部だけでなく、至る所に見られる現象であった。

一九六四年から七一年にかけては都市部での暴動が広まり、アメリカ合衆国の歴史のなかでも特異な時期となった。一九四〇年代より以前は、人種にまつわる市民の騒乱は、主に白人が黒人と黒人の資産を襲撃するものだった。しかし一九六四年にはじまった資産の損害、略奪、その他の攻撃的な行為を含む出来事には、少なくともいくらかの黒人が携わっていた。暴動、傷害、殺人、逮捕と放火の多くは、一九六七年と一九六八年に、主に北部、中西部、西部で起こった。

ジョンソン大統領は、一九六七年の暴動とその原因の調査のために、同年に「全米騒擾諮問委員会」（カーナー委員会）の設置を命じた。一九六八年三月、キング牧師の暗殺直前に出されたカーナー委員会の報告では「われわれの国家は二つの社会に分断されている。ひとつは黒人社会、もうひとつは白人社会であり、それは分離された不平等な社会である」と結論づけた。

一九六七年の暴動に関するこの詳細な調査報告は、ジョージ・フロイド事件が起きた二〇二〇年と次のような点で酷似している。すなわち、暴徒の多くが高校を中退し失業中または低賃金労働に従事する「アンダークラス」と称される黒人の若者たちであったこと。そして、暴動が警察による暴力、失業、劣悪な住環境、質の低い教育、苦情を申し立ててもいっこうに改善しようとしない行政といったものに対する怒りの発露であったことで酷似していたのだ。

一九六〇年代、七〇年代に、黒人の若者たちは、インナーシティの貧困にあえぐ崩壊家族で育った。白人の特権と黒人に対する差別、そして自らの暗い未来に怒り、黒人の若者たちは犯罪に走り、ギャングのメンバーとなっていった。殺人罪で訴えられた黒人男性は白人男性の六倍にものぼった。これらの殺人のほとんどは黒人同士のものであり、人種間の敵対は主な原因ではなかった。また黒人コミュニティ内での暴力的事件は、しばしば警察沙汰になった。そして、そのような事件の犠牲者は決まって黒人であった。

暴動に話を戻そう。投石や瓶を投げたりするところから暴動は始まり、少数の扇動者によって集団は暴徒化する。カーナー調査報告では、黒人に対する雇用体系、学校教育、居住区における差別がもたらす慢性的な不利益が原因で暴動へと発展していったと結論づけているが、黒人すべてが暴徒であったというわけではない。大半は平和的なデモで問題解決を図ろうと努めていた。少数による暴力的行為が、平和的デモの声をかき消してしまう。暴力、略奪、放火は報道を通じて前面に押し出され、十把一絡げに暴徒としての印象を世間に伝えてしまう。そして、扇情的な政治家たちは問題の根っこにあるものには目を向けず、「法と秩序」の美名のもと、警察の増員や訓練の強化、暴徒に対する厳罰化、収監の期間延長などのための予算増額を声高に議会に求めたのだ。

†「でかい声で言ってみろ――おれは黒人で、誇らしい!」

いまでこそ、黒人の音楽家や演奏家たちはいつもテレビに映っており、マジョリティである白人の観客たちに受け入れられているように見えるが、はじめからそうだったわけではない。たとえばゴスペル歌手のマヘリア・ジャクソンは一九五〇年代から定期的に出演していたが、それなりの数の黒人が音楽番組に出るようになるのは、スプリームスとジャクソン5の出現を待たなければならなかった。また彼らの音楽は、モータウンの、政治的メッセージのないものだった。一九六〇年代後半には、オーティス・レディングやサム・クック、アレサ・フランクリンといったソウル・ミュージックの歌手たちが、黒人・白人を問わず、広く聴衆の人気を集めた。彼らの音楽は感情を揺さぶるものだったが、それでもなお政治的なメッセージや改革の呼びかけは少なかった。

一方その頃、平和的な公民権運動のデモでは、変化の遅さ、雇用不足、貧困と日常的な暴力によって、黒人コミュニティ内に溜まった鬱屈を抑えることができなくなってきていた。そして一九六八年四月にキング牧師が暗殺されたとき、もう黒人コミュニティの窮状は改善しないと人びとは思い、そうした鬱屈が暴力、放火、略奪というかたちであらわれた。このときに国営放送に出演し、黒人たちに家に戻り、通りに出ないように、暗殺に対する暴力的な抗議に関わらないように、と呼びかけたのが、「ソウル・ブラザー・ナンバー・ワン」、「ゴッドファーザー・オブ・ソウル」の呼び名を持つジェームズ・ブラウンだった。

ジェームズ・ブラウン（1969年）（David Redfern/Getty Images 提供）

彼はまた、力強い音楽に乗せてメッセージを送り、それが黒人の若者たちの意識を変えてしまった。一九六八年八月、キング牧師暗殺の四か月後にリリースされたある曲が、黒人たちが「黒人」であることを肯定的にとらえるように光を当てたのだ。「セイ・イット・ラウド――アイム・ブラック・アンド・アイム・プラウド」（Say it loud――I'm black and I'm proud）である。

曲のなかで、彼は古いスピリチュアルから一節を拝借し、「おれたちは（白人たちから）非難され、軽蔑されてきた」と、何世紀にもわたってアメリカの黒人が被ってきた偏見を告発した。さらに彼は、黒人たちが「（不正義、不平等、機会の損失という）壁に頭を打ち続けてへとへとだ」と歌った。そして、ブラック・パワーの主唱者たちの文句にならい、黒人たちは（黒人の手で運営されるビジネスや組織を）「自分たちで」やりたいと思っていて、「他のだれか（つまり、奴隷制度やジム・クロウ法によって黒人の労働者からの恩恵を受けていた白人たち）のために働きたくはない」のだ、と主張した。

この曲は、黒人たちが何も「与えられる」必要がないということを強調していた。なぜなら自分たちはこれまでもこれからも懸命に働くのだし、自力でやれるからである――もし彼らに非黒人と平等のチャンスが与えられるなら。つまりこの曲は、自分たち自身で何かを成し遂げるための、自立と誇りと献身の必要を伝えたのだった。

レコードで彼と一緒に歌ったのは、ロサンゼルスの、黒人が暮らすもっとも過酷な地域であった、ワッツやコンプトンといった地区の少年たちだった。ゴスペル音楽の形式を踏まえたコール・アンド・レスポンスのパートにさしかかり、ブラウンが「でっかい声で言え！」（Say it loud!）と呼びかけると、彼らは「おれは黒人で、誇らしい！」（I'm black and I'm proud!）と応えた。

この曲は、黒人が自分たちのことをどう捉えるかということについての大変革をもたらした――ヒップホップアーティスト、パブリック・エネミーのチャックDはそう語る。このときはじめて、「黒人（ブラック）」――「ニグロ」ではなく――であることは誇りになった。黒人の文化、黒人の歴史、黒人の成し遂げたことが、よいものになったのだ。

これは「黒人という意識をめぐる運動」を加速度的に推し進め、また違った言葉でブラック・ライブズ・マター運動にも引き継がれた。平等と白人による偏見をなくすことを目指してこの運動に関わっている人びとの胸には、ジェームズ・ブラウンのメッセージが刻まれている――「ひざまづいて生きるくらいなら、立ったまま死ぬだろう」。つまり、彼はいまも他の黒人たちに「立ち上がり」、「声をあげる」ことを呼びかけている。ブラック・ライブズ・マター運動においては、「でっかい声で言え」が「彼女の名前を言え」、「彼の名前を言え」というかたちになった。ジェームズ・ブラウンの曲は、五〇年後のいまもなお反響しているのである。

†一九七〇年代――時代は変わる

一九七〇年頃には、アメリカ社会はベトナム戦争をめぐって分裂していた。一八歳から二五歳を対象とした徴兵制度では、黒人の方が白人よりも高い割合で入隊した。それは、制度そのものに人種差別的なものがあったというわけではなく、大学生であることなどの理由から白人の方が徴兵免除される者が多かったためである。黒人には大学に進学するための経済的基盤がなかった。

一九七三年に徴兵制度が廃止され志願兵の制度に移行してからも、黒人が白人よりも兵役につく割合は高かった。高校を卒業していなくても兵役に就くことは可能であった。そして、米軍兵士になるということは連邦政府の管轄下におかれることになり、人種差別が違法となるため、あからさまな差別から守られた。また、入隊するとさまざまな職業訓練を無料で受けられた。当時、黒人がアメリカ社会に置かれていた状況からすれば、兵役に就くことは、戦場で生死を分ける場面に遭遇することを除いては、魅力的な選択肢であったと考えても間違いではなかろう。

†雇用と住居

第一次世界大戦以降、黒人が北部や西部に「大移動」したことについては、すでに述べたとおりであるが、移住先で白人以外のエスニック集団との軋轢も生じた。特にラストベルト（さびついたベルト地帯）の中西部工業地帯では、一九七三年から一九七五年にかけて失業率は四・七パーセントから七・五パーセントに上昇し、インフレ率も一九六九年に六・二パーセントであったのが一九七四年には一二・四パーセントになり、黒人も大きな影響を受けた。

一九七〇年代の不景気下では、工場も市街地から比較的土地の安い郊外の工業団地へと移転することになる。そのため市街地に住んでいた黒人は、郊外へ通勤せねばならなくなった。しかし、公共交通機関は必ずしも整備されておらず、交通機関があったとしても片道二時間、往復四時間かかることも決して珍しくはなかった。黒人には郊外に住居を構えるだけの財政基盤がなかったし、移り住もうと思っても「レッドライニング」された。つまり不動産抵当貸し付けを拒否され、住まいの購入そのものが不可能だったのだ。その結果、市街地の「インナーシティ」すなわち都市部の「黒人街」（ブラックネイバーフッド）から仕事場まで、長時間通勤を余儀なくされた。これにより子どもは放置され、なかにはギャングとなって非行に走る若者も多くいた。非行に走らないまでも、家には本はなく、勉強の面倒を見てくれる親はいない。それで授業がわからなくなると、学校が苦痛になり、義務教育で学業を終えてしまう。そのように家庭環境、教育環境は悪循環に陥ってしまった。

一九七四年までには、ニクソン大統領を辞任に追い込んだウォーターゲイト事件、人種差別、性差別、景気後退、ベトナム戦争での敗戦などでアメリカ社会は暗澹（あんたん）たる状況になっていた。一九五〇年代の黄金時代では、誰でも頑張って働けば郊外に一戸建ての家を建て、子どもを大学に進学させ、週末は近くのショッピングモールで買い物やレジャーを楽しむといった消費生活がアメリカン・ドリームとして実現されていた。しかし、七〇年代半ばには、五〇年代は古き良き時代だったと懐かしむことになる（もっとも、黒人にとって五〇年代は懐かしむような時代ではなかった。むしろ、ジム・クロウの差別と隔離政策に苦しめられた時代だった）。そして、アメリカン・ドリームに現在自分たちの手が届かないのは、黒人が優遇され始めたせいだという白人の不満が募っていった。

†カーター大統領の四年間

ジミー・カーターの四年間（一九七七年一月〜八一年一月）は、アメリカ黒人にとっては改善が見られた時代であった。カーター大統領は、三八人の黒人を連邦裁判所の裁判官として任命した。また、「給付つき勤労所得税額控除」（EITC＝Earned Income Tax Credit）を設け、低所得労働者を公的に扶助する制度を推し進め、さらにフードスタンプ（食品割引切符）などの連邦政府による所得保障制度で生活保護者を支援した。この制度によって、一九八〇年までに約二一〇〇万人が恩恵を受けたとされている。

変化は、黒人の歴史をめぐっても起こった。黒人の歴史は教科書で徐々に取り上げられるようになったが、その経験や感情には何の注意も払われない、ささいな扱いであった。しかし一九七六、七七年のある文化現象が黒人の苦難や歴史を提示した。黒人作家のアレックス・ヘイリーが著した『ルーツ』の出版とそのテレビドラマ化である。半数以上のアメリカ人が、少なくともテレビシリーズの一部を視聴したといわれている。黒人がたどってきた歩みについて、このドラマで初めて知るという白人も少なくなかった。これは記念すべき第一歩ではあったが、黒人運動家のマルコムXや奴隷解放論者のフレデリック・ダグラス、アメリカ先住民の女性サカガウィア、メキシコ系アメリカ人の活動家セザール・チャベスなどマイノリティの歴史的人物が教科書に載るのは、一九九〇年代まで待たねばならなかった。

†レーガン大統領の時代

一九七〇年代以降、政治家に限らず一般の白人も、表立って黒人への差別的発言や行動をしないように、かなりの神経をとがらせることになった。なぜなら「レイシスト」と烙印(らくいん)を押されることは是が非でも避けたかったからである。レーガン大統領(一九八一年一月〜八九年一月)は、人種差別的な発言は極力避けながらも、「社会福祉のクイーン」や「略奪者」といった表現を使い、社会福祉の恩恵にあぐらをかく怠け者に税金が無駄遣いされていると主張した。黒人と名指しすることはなかったが、レーガンが誰のことを言っているのか国民は皆わかっていた。ポーランドやイタリアなどから貧しい移民として渡ってきた人びとは、苦労して働き自助努力をした。それに比して黒人は、努力もせずに福祉にすがって「ただ乗り」している、というような白人の怒りをレーガンは利用したのである。

レーガン政権ではまた、連邦裁判所裁判官の任命に関しても保守的で、白人男性中心であった。三六八名中、白人以外は黒人が七名、ヒスパニックが一五名、アジア系が二名だった。さらにフードスタンプなど社会的弱者を支援する制度への予算枠も減らし、富裕層の税率を引き下げた。「小さな政府」を目指す姿勢は、白人のブルーワーカー、南部の公民権運動反対派、福音派のプロテスタント信者などの支持にむすびついていった。彼らは、表立っては言えないが常に心の中でふつふつと沸く不満をレーガン大統領が代弁してくれていると感じた。

その後レーガン政権を引き継いだ同じ共和党のジョージ・H・ブッシュ大統領は、大統領選挙のときに対立候補であったマイケル・デュカキスに対して、犯罪に対する姿勢が甘いとさかんに責めたてた。そしてテレビ広告では、ウィリー・ホートンという、第一級謀殺で刑に服していたが、刑務所からの一時帰休中に傷害と強姦を犯した、見るからに悪人面をした黒人男性を度々画面に登場させた。当時マサチューセッツ州知事であったデュカキスは終身刑の囚人に一時休暇を認めている、黒人犯罪に甘い立候補者だという印象操作を行ったのだ。「法と秩序」の名の下に人種的差異を理由にして恐怖をあおる手法は、その後の政治家もよく用いる常套手段だといってよいだろう。

†アファーマティブ・アクションへの反発

一九七五年にデトロイト警察署では、雇用、昇進、解雇の手続きに関して平等な機会を与えるアファーマティブ・アクションが行われ、大きな軋轢を生んだ。連邦判事はその年、デトロイトの警察署に対して、「最後に雇われた者は、最初に解雇される」という年功序列の原則を廃止することを言い渡した。法廷の判決はここ最近に雇用され始めた黒人警官の雇用を守るためのものであり、これによって彼らは経費が削減された際に最初に職を失うということがなくなった。

これに対して、多くの白人警官が激しい怒りを表明し、失業に直面した白人警官が街の通りを封鎖したり、白人警官と黒人警官が衝突し、拳銃が抜かれる事態などが起こった。このようなアファーマティブ・アクションをめぐる戦いは、「我々の権利」と「奴らの権利」との間の戦いであった。

また一九七八年に、アファーマティブ・アクションに関する重要な判決が下された。アラン・バッキーという名の白人男性がカリフォルニア大学デイビス校の医学部を受験したが、残念ながら不合格となった。しかし、バッキーは、アファーマティブ・アクションを取り入れた大学の入試制度（一〇〇人の枠のうち一六人をマイノリティにあてがっていた）によって、自分よりはるかにスコアが低い黒人受験生が合格し、自分が不合格となったのは憲法違反であると訴えた。その後、法廷闘争は連邦の最高裁までもちこまれ、バッキーの勝利で結審し、バッキーは医学部入学を許可された。

しかし、バッキー対カリフォルニア大学理事会の法廷闘争の結果、アファーマティブ・アクションがなくなったというわけではない。二〇二〇年現在、「役割を終えた」「逆差別」との声もあるが、今でもこの積極的優遇措置は存続している。これは不利な状況にある個人のみならず、その家族や子孫、地域をも助ける、かけがえのない施策である。

†薬物との闘い

一九八〇年代後半には、「クラック・コカイン」と呼ばれるタバコで吸引できるコカインが貧困者の多い都市部のインナーシティで蔓延していた。通常のコカインよりも少量で効き、安価なことから、「クラック」は黒人の間で急速に広まった。一方で失業率が上昇、貧困は深刻化し、街に怒りやフラストレーションが充満するようになると、犯罪率が高まり、ドラッグディーラーの抗争も起こった。その結果、公民権運動に対するバックラッシュ（反動）に後押しされて、薬物使用に対する闘いが積極的に推し進められることになった。

一九八八年までは、麻薬所持に対する禁固刑は最大一年であったが、改正された法律では五年に引き延ばされた。麻薬売買の証拠がなくても、所持していたというだけで法律は適用された。麻薬所持の黒人を念頭に置いた法律改正と言ってもよい厳罰化であった。白人が使用していた粉末のコカインでは五〇〇グラムを所持しているのが見つかった場合でも五年の禁固刑であったが、黒人が使用していたクラック・コカインの場合は、わずか五グラムの所持で同じ五年の禁固刑が科された。

ビル・クリントン大統領（一九九三年一月〜二〇〇一年一月）も、引き続き麻薬取り締まり強化を図った。一九九六年に決められた「貧困家庭一時扶助」法案（TANF）は一見、貧困家庭を支援する法案のように思えるが、有罪判決を受け禁固刑となった者の家族には援助期間を五年に限定し、マリファナなども含めた薬物所持で禁固刑に服した者は生涯、フードスタンプなどの社会的援助を得られなくする法案であった。薬物を使用していなくても所持していたという理由だけで、警察に路上で取り押さえられ、さらには一生を棒に振ることになってしまうかもしれないのである。なお、二〇〇五年の統計では、薬物所持で逮捕された割合は八〇パーセントで、売買が理由で逮捕されたのは残り二〇パーセントにすぎなかった。すなわち、ほとんどの逮捕者が薬物売買や暴力が理由ではなく、単に薬物を所持していたという理由で捕らえられていたのだ。

アメリカ合衆国憲法修正第四条では、「不合理な捜索・押収・抑留の禁止」（一七九一年成立）が謳われている。この修正条項では、身体、家屋、書類および所持品の安全を保障し、これを侵してはならないと規定されている。この条項にしたがえば、警察や政府機関による強制的な捜索や押収、抑留は禁止されている。しかし、薬物や武器の所持が疑われる場合については、州や市により警察に裁量が認められていることがある。警官が武器や薬物所持の点から怪しいと判断した場合、誰でも呼び止め、服の上からの身体検査を行うことができるのだ。

これにより「レイシャル・プロファイリング」、すなわち故意に黒人や他の有色人種を呼び止め捜査を実施する行為が一般化してくる。人種を理由にあからさまに呼び止めることはできないため、「方向指示器の操作が遅れた」などの軽微な交通違反を理由にとりあえず車を停止させる。このような理由で白人が呼び止められることは、あまり考えられない。仮に停止させられたとしても、それは交通規則違反なのであって、それ以上の罰は科されない。しかし、ピュー研究所の調査によると、黒人の場合、正当な理由のない停車は白人の五倍にのぼる。そして、その後の捜索で仮にマリファナが車中にあったとしたら、それだけで刑務所行きとなる可能性が高い。

もし「法と秩序」の考え方をとる判事によって有罪判決を受けると、被告は収監されることになる。そして処罰は出所後も続く。ビル・クリントンの任期中には、政府による公営住宅プロジェクトが犯罪歴のある者を排除することも容易になった。つまり、犯した罪がたとえ軽微なものであっても、彼らは低所得の家族向けの住宅に入居できなくなったのである。結果として、多くの貧しい人びと――とりわけ「薬物との闘い」で標的となった人種的マイノリティたち――が、ホームレスとなった。ひとたび住む場所がなくなると、彼ら彼女らから子どもたちは引き離され、養子に出された。

†ロサンゼルス暴動

一九九一年三月、カリフォルニア州ロサンゼルスの近郊にあるサンフェルナンドのフリーウェイ。ロサンゼルス市警は制限速度を超えて走行していたロドニー・キングを追跡していた。キングは警察の追走に観念し車を止めて車外に出たが、抵抗したため四人の警官が暴行を加えた。外での騒ぎに気づいた近隣の住民は、地面に伏しているキングを警官たちが五〇回以上も警棒で殴打している様子を一部始終ビデオ撮影した。その映像がやがて全米で放映され、警察に批判が集中し、関係した警官たちは暴行容疑で起訴された。

しかし、翌年四月に白人のみで構成されたシミ・バレー法廷の陪審員は、これらの警官に無罪の評決を下した。この結果はすぐさま報道され、ロサンゼルスのサウスセントラル地区を中心に暴動が起こり、略奪、放火で街は騒然となった。騒ぎは周辺地区にも広がり五五人が死亡、二三〇〇人が怪我、放火で八〇〇棟以上の建物が焼失、被害総額は一〇億ドルにものぼった。

なおこのとき多くの者が韓国系やその他のアジア系アメリカ人の商店を狙った。ラテン系アメリカ人や黒人は、彼らの経済的な成功――および、非アジア人にたいする非友好的な態度――

ロサンゼルス暴動時の街（1992年）（Science Source/アフロ提供）

に怒り、彼ら新たな移民たちが低賃金労働の競争相手となって、自分たちの仕事を奪ったと考えていたのだ。

なお、この時期の特筆すべき事件としてO・J・シンプソン事件がある。ロサンゼルス暴動から二年後の一九九四年六月、元アメリカンフットボールの有名選手で俳優でもあったO・J・シンプソンが白人の元妻とその男友達を殺害したかどで逮捕された。著名な黒人スポーツ選手が白人女性を殺害した嫌疑で逮捕されたことは、当然のことながら全米の注目を集めた。裁判は、シンプソンの無罪となった。

事実はどうであれ、その結果について黒人の大多数が好意的に受け止めた。しかしそれに対して、多くの白人は不当な判決であると不満を口にした（なお一九九七年の民事裁判では、殺害された男友達の父親による訴えが認められ、シンプソンは賠償金の支払いを求められた）。

†歪んだ刑事司法システム

一九九〇年代の犯罪率はどういうわけか低下していたが、たとえば一九九四年のカリフォルニア州における三振法（Three-strikes law）のように、刑はより重くなった。連邦政府や、他の州議会で制定された似通った法律よりも厳しいカリフォルニアの法律では、重罪人として三度裁かれると、強制的に二五年から終身刑までの実刑を受けることになったのだ。なかには三度目の有罪判決が軽微な万引きや薬物の所持という場合もあった。

一九九〇年代の「薬物との闘い」において有罪判決は全国的に増加し、その一〇年のあいだに刑期の平均期間も一三パーセント増えた。一九七〇年から二〇〇〇年のあいだに、連邦刑務所の受刑者の五〇パーセント以上と、州と地方の受刑者の二二パーセントが、薬物関連での服役であった。

有罪判決が急増した結果、刑務所の建設も増え、本来であれば学校やインフラ整備にかけるべき予算が回された。刑務所の建設は、新たな雇用を生む場となり、その運営は民間企業に委任されることも多かった。そうして刑務所は、社会復帰のためのリハビリテーションとしての収監という目的が薄れ、絶え間なく「顧客」が供給される営利企業となった。

さて、二〇〇〇年代のはじめ、二〇歳から三四歳までの黒人男性の実に一二パーセントが刑務所に入っているという驚異的な数字が出た。また二〇〇三年には、全体の人口の一二・三パーセントを占める黒人が、全米の囚人の四六パーセントを占めていた。さらに同年に司法省は、黒人男性の二八パーセントが人生の中で一度は収監を経験しているという推計を出した。

このような刑務所における黒人男性の割合の高さは、人種に関する文化的な戦争を深刻にした。黒人のリーダーやそれを支持する白人のリベラル層はこうした統計の数字を、警察と司法による、非白人への計画的な抑圧であると解釈した。しかし他のアメリカ人にとってこの数字は、黒人やその他の非白人たちは生来的に無法者になりやすいのであり、警察や裁判所は彼らにいかなる罰を与えてもよいのだ、という信念を裏づけるものであった。こうした「文化的分断」は今日も続いている。

また巧妙に隠されているが、この大量に投獄するシステムは人種に基づく社会統制にほかならず、その機能はジム・クロウと似通っている。大量投獄は間違いなく、公民権運動に対するバックラッシュのもっとも有害な表れなのである。

投獄は、収監された当人だけでなく、その家族の生活や家計にも影響をおよぼす。ひとたび投獄されると、釈放された後、仕事についたり、家を買ったり、公共の利益を得たりすることを法的に妨げられる。その結果、元囚人たちは新たな「アンダークラス」に置かれることになる。それが「アンダーカースト」(下位カースト)と呼ばれることもあるのは、彼らが法律と慣習によって主流社会から永久に締め出されているからだ。それは奴隷制の時代に奴隷であった黒人が「人間以下」の、ラバや重荷を背負うその他の家畜とほとんど変わらない扱いを受けてきたこと、またジム・クロウの時代に隔離政策において黒人が二級市民として扱われてきたことと通じるものである。

しかし実に多くのアメリカのマジョリティが、人種や階級について話すのを避けようとし、明らかに「アンダーカースト」ともいうべき状況があるということを認めまいとしている。あらゆる反証があるにもかかわらず、充分な自発性と野心と自己規律があれば、だれもが低い階級からより高い階級に移動できる、という信念に固執しているのである。

†世紀の転換期

前章と本章で扱ってきた一九六〇年代から二〇〇〇年代初頭にかけては、二つの見方が存在する。一つは楽観的な評価で、黒人の権利回復運動が、それなりの成果をあげたという見方である。一九六四年の公民権法、翌一九六五年の投票権法は、大きな改善点ではあった。また、アファーマティブ・アクションについては、連邦政府による公正雇用機会委員会の設置などにより、かなりの進展が見られたと言ってもよかろう。メディケア(六五歳以上の高齢者を対象とした老人医療保障制度)は、黒人の健康管理を向上させた。また、アトランタ州で黒人の知事が、デトロイト市やロサンゼルス市で黒人の市長が誕生し、裁判官としても黒人が任命されるようになってきた。これらは、前世紀後半から新たな世紀の初頭にかけての明るいニュースであった。

その一方で、否定的な見解もある。前述のさまざまな改善点は認めながらも、アメリカ黒人の社会的、経済的平等は実現していないという意見である。白人と黒人の間の格差は所得、住居、資産、貧困率、失業率などの点から見ても大きな改善がなされたとはいえない。

たとえば二〇〇〇年の黒人の貧困率は、白人のそれの二・五倍であった。同年の失業率も白人が三・五パーセントであったのに対して、黒人は七・六パーセントであった。健康保険加入率も黒人は白人に比べて低く、そのことも原因となり平均寿命は白人が七七・四歳であったのに対して黒人は七一・二歳と、六歳以上の開きがあった。

加えて懸念されるのは、黒人の子どもたちの貧困率である。黒人の一八歳以下の三〇・四パーセントが貧困家庭で育っているという数字がある。白人の貧困家庭でも同じ状況ではあるが、これらの家庭で育つ子どもたちの多くが、大気汚染や水質汚染、栄養不足などが原因で喘息(ぜんそく)、糖尿病を患っていた。また、学校教育や家庭の教育環境の不備によって学習において極度の遅れがある子どもも少なくないと報告されている。

†オバマ大統領の八年間

著名な公民権運動活動家でジョージア州選出の連邦下院議員ジョン・ルイス（一九四〇～二〇二〇）は、一九六五年三月、投票権法の成立を求めてアラバマ州セルマから州都モンゴメリーに入るため、エドマンド・ペタス橋を他の公民権運動家たち約六〇〇人とともに平和的に行進していた。しかし、橋を渡り終え、その先に待ち構えていたのはガスマスクをかぶり警棒をもって身構えた州の警察官たちであった。行進の先頭に立っていたジョン・ルイスをはじめ前方にいた参加者たちの多くが警官の暴力にあった。

ジョン・ルイスは、バラク・オバマが大統領に選出されたことについて「バラク・オバマはセルマの橋の先で待っていた」と象徴的かつ感動的なコメントを残した。アメリカ黒人たちは、黒人大統領オバマが現実のものとなり、大きな期待と希望を抱いた。二〇〇九年の大統領就任演説の中で、オバマ大統領は「より良い歴史を選択する」時代がやってきたと述べた。それは、黒人が長年にわたって経験してきた差別と不平等の歴史を変えるというメッセージを込めた演説であった。

しかし、オバマ大統領を待ち受けていたのは数限りない障壁であった。それは、歴史家のレポーアが言うところの「混乱した民主主義」を引き継ぐことを意味していた。黒人と白人の社会格差、多くの二十代の黒人男性が収監されているか保護観察下にあるという事実、連邦政府に対する国民の不信感等々、解決の糸口が容易に見つからない難題が山積していた。さらに、バラク・オバマの出生地がアメリカではない、したがって大統領になる資格がないとの嫌疑をかける「バーサーズ」(Birthers) と呼ばれる人びとにオバマは糾弾された。また、黒人による社会主義国家の建設を夢見ているという風説も流された。

ジョン・ルイス議員に自由勲章を与えるオバマ大統領（2011年2月15日）（ロイター／アフロ提供）

二〇一二年二月にはトレイボン・マーティンという一七歳の黒人少年を、ジョージ・ジマーマンという二八歳の「自警ボランティア」であるヒスパニック系男性が、単に怪し気という主観的な印象だけで射殺した事件が起きた。事件の発生したフロリダ州の州法では「スタンド・オン・ユアグラウンド」という正当防衛法により、身に危険が迫っているという印象だけでも武器を使用して「正当防衛」することが認められている。したがって、案の定、判決は無罪となった。そして、抗議集会が開かれ、デモ行進が行われたが、ロサンゼルス暴動のような騒乱には発展しなかった。オバマ大統領は「もし自分に息子がいたなら、もし三五年前の自分がその場にいたなら」と、若い黒人男性の犠牲者が後を絶たないことに胸を痛めた。

オバマ大統領は再選され、二〇一三年一月から二期目をつとめることになったが、上院では民主党が過半数を保つことができたものの、下院では共和党が多数派となった。このねじれ現象はオバマ政権にとっては大変不利に働いた。また、白人の中には、オバマ大統領のことを黒人に有利な政策を推し進める「差別主義者」だと罵(ののし)ったり、「オバマケア」医療保険制度は黒人のみを対象としているなどと事実と違うことを言う者もいた。報道機関では、FOXニュースがオバマ大統領を盛んに攻撃した。

オバマは黒人をはじめとするマイノリティに対する差別や社会格差の改善につとめたことに間違いはないし、希望のメッセージを国にもたらしたが、成功したとはいえない。残念ながら黒人であるオバマ大統領の出現が、「人種差別」や「不平等」のない時代をもたらすことはなかったのである。

第7章

アメリカ黒人の現在と未来

†ジョージ・フロイド事件とBLM運動

警察官による黒人への暴力がビデオ映像によって全米に流れるのは、とりたてて珍しい出来事ではなくなってしまった。また、その結果起きる民衆の行動と、そのことに対する結果もパターン化されていると言っていいだろう。つまり、映像を見た人びとは怒る、そして警察側は事件の経緯を調査すると約束する、コメンテーターは人種差別の解決のため双方の話し合いの機会を増やそうと唱える。しかし実際は何の変化もなく時間は過ぎていき、警官側は黒人側に非があることを唱え、法廷では警官が無罪となる。これがお決まりのパターンだった。

しかし、丸腰の黒人ジョージ・フロイドが殺害されたケースは違った。二〇二〇年五月二五日、彼は偽の二〇ドル札をつかってコンビニエンスストアで煙草を買った疑いをかけられ、警官に呼び止められた。店の外で、彼は地面に押さえつけられ、白人警官デレク・ショービンの膝で首をおよそ九分間にわたって圧迫され続けて死亡した。一連の出来事は通りがかった市民のスマートフォンで撮影されていた。

黒人男性を殺害する模様をおさめた恐ろしい映像はソーシャルメディア上に広がった。国内はもちろん世界中の人びとが、映像にとらえられた一部始終を目撃し、衝撃を受けた。まもなく、この事件によって「ブラック・ライブズ・マター」（BLM）運動への参加者が爆発的に増えた。さまざまな人種や世代の人びとが、警察の暴力に対する平和的なデモ抗議に加わったのである。やがてこの運動は、制度化された人種差別への抗議や、黒人を不公平に扱う法律、政府、ビジネス、学校その他の組織のやり方に対して根本的な変化を求める、範囲の広いものへと変わっていった。

最後の章では、アメリカの黒人社会が現在直面している問題と、「ブラック・ライブズ・マター」という言葉の意味を詳しく見ていこう。

†シャーロッツビルの悲劇

二〇二〇年八月、バージニア州シャーロッツビルにあるバージニア大学のキャンパスの一角に新たな記念碑が建造された。直径約二四メートル、高さ約二メートルの外側の円と、芝をほぼ同じ高さで囲む内側の円の、花崗岩(かこうがん)でできた二重の円で構成されている。外側の円には、バージニア大学建設に労働力として関わった約四〇〇〇人の奴隷黒人の名が刻まれ、内側の円には関連する歴史の記述が時系列で記されている。この「奴隷労働記念碑」は、大学創設の理念と理想が黒人の奴隷労働を背景に成り立っていたことを後世に伝えるために建造された。

記念碑がつくられた年から遡ること三年前の二〇一七年八月、シャーロッツビルのダウンタウンの公園にあるロバート・E・リー南部連合軍将軍の銅像をめぐって事件が起きた。

近年、その銅像は白人による黒人奴隷支配の象徴として見られるようになり、撤去を求める声が強まって、シャーロッツビル市長はその対応に苦慮していた。銅像撤去の声を無視すれば、白人至上主義を黙認したとみなされ、逆に、撤去してしまうと「ジークハイル」（勝利万歳）というナチス式敬礼をしながら「ホワイト・ライブズ・マター」を叫ぶネオナチや白人至上主義者たちの抗議のデモ行進を誘発することになるからだ。

悲劇は二〇一七年八月一二日に起きた。前日からシャーロッツヴィルでは全米からやってきた白人至上主義者たちが集会を開いていたが、その集会に対して異議を唱えるため、地元住民が集まり抗議していた。口論はやがて暴力の応酬に発展した。そして突然、住民たちの中に、ネオナチの白人男性が運転する車が高速で進入。多くの人びとが跳ね飛ばされ、反集会の地元住民、白人女性のヘザー・ヘイヤーさんが死亡したのだ。

8月11日の夜に集まった白人至上主義者たち（The New York Times/アフロ提供）

†「栄誉」のシンボル

シャーロッツビルのリー将軍像は、南部に一七〇〇以上あるといわれている、南部連合を称える銅像のうちのあくまでひとつにすぎない。彼ら銅像になった南軍の指導者たちがよりどころにしていた考えは、黒人は白人とは平等ではなく、奴隷として白人と主従関係にあることは、黒人にとってごく普通で自然な状態であるというものだった。

こうした銅像に限らず、かつての南部連合の黒人奴隷支配者たちとKKK（クー・クラックス・クラン）のメンバーの名が、裁判所、自治体の建物、通り、学校、ホテル、国有林の名前になっている。黒人奴隷を所有していた黎明期の五人の合衆国大統領の名前もそこに加えれば、問題はさらに大きくなる。たとえば、建国の父たち、ワシントンやジェファーソンなどもまた奴隷所有者だったのだ。想像してみてほしい――自分が黒人で、毎日KKKのメンバーにちなんだ名前の通りを歩くのを。書類を提出するために訪ねた市庁舎では、エントランスにある奴隷制度存続のために戦った兵士たちの記念碑の前を通らねばならず、奴隷所有者にちなんだ名前の高校に通わねばならないのを。

こうした銅像や記念碑などを扱うのにもっともよい方法は、それらを破壊したりどこかに隠したりすることではなく、博物館に場所を移し、彼らが誰で何をしたのか、そして良い面についても悪い面についても、そのことにどんな意味があったのかを詳しく述べた解説を付すことだろう。どちらの立場からの視点も与え、見る者に判断させること。ただ単にこれらのモニュメントを撤去するだけではなんの解決にもならない。

銅像撤去のほかに、最近では南部連合旗「スターズ・エンド・バーズ」も奴隷制の象徴として撤去する動きが加速している。二〇二〇年、ミシシッピ州は南部連合旗を下ろすことを決議し、これで、南部連合旗を掲げる州はなくなった。また、アメリカ先住民を虐殺する指揮を執ったり、奴隷を所有した経験をもっていたり、南部連合のために戦ったりした人物の名を冠した米軍基地も名称の変更を迫られている。

†アスリートたちによる抗議活動

アメリカの人種差別に対する抗議活動は、さまざまなスポーツ競技においても注目を集めてきた。一九六八年、メキシコシティーで開催されたオリンピック二〇〇メートル走で金メダルを獲得したトミー・スミスと銅メダルのジョン・カルロスのとった行動がよく知られている。二人は、アメリカ国旗が掲揚されている間、表彰台で黒い手袋をはめた片手の拳を握り締め突き上げる姿勢で抵抗を示した。また、二人は黒人の貧困を象徴する黒い靴下をはいて表彰台に上がっていた。愛国心の欠如や政治的な恣意行動との批判があった一方で、勇気を賞賛する声もあがった。

近年では二〇一六年、NFL（ナショナル・フットボール・リーグ）サンフランシスコ・フォーティナイナーズのクオーターバック、コリン・キャパニックの行為が注目を浴びた。キャパニックは国家斉唱のときに片膝をついて、人種差別と警察官による有色人種に対する暴力に抗議した。彼は政治家、チームのオーナーに加えてチームメイトからも批判された。トランプ大統領は、キャパニックを非国民だと言わんばかりに「おまえは首だ」と叫んで聴衆の喝采を浴びた。結局、フォーティナイナーズでの契約更新はされず、二〇一七年一月以降、他のどのチームからも誘いはない。キャパニックのクオーターバックとしての実力が、抗議行動を陵駕（りょうが）するほどのものではなかったとの見方もあろう。しかし、四年後の二〇二〇年、NFLコミッショナーは、キャパニックら片膝をついて抗議行動をした選手たちに対して十分に耳を貸さなかったことを詫び謝罪した。また、NFLシアトル・シーホー

拳を突き上げるトミー・スミスとジョン・カルロス（AP/アフロ提供）

クスの白人コーチであるピート・キャロルは、キャパニックの勇気をたたえ「黒人はいま何が起こっているのかわかっている。彼らは真実を語っている」と述べてアメリカ社会そのものが変わっていく必要があることを強調した。

二〇二〇年には、アスリートによる黒人差別や警察官による暴力に対する抗議行動が、さまざまな競技で見られるようになった。そのきっかけは、フロイド事件によるブラック・ライブズ・マター（BLM）運動の再燃であったことは言を俟たない。たとえばNBA（ナショナル・バスケットボール・アソシエーション）のロサンゼルス・レイカーズで活躍しているレブロン・ジェイムズもBLMを支援するために他の選手たちとともに試合をボイコットした。八月二三日にウイスコンシン州ケノーシャで黒人男性のジェイコブ・ブレイクが白人警官により背後から複数回銃撃された事件を受けての行動であった。レブロン・ジェイムズはアメリカのあらゆるアスリートのなかで最も有名な選手のひとりであり、影響力も大きく、アメリカの所得番付でトップ数パーセントの位置にいる。それにもかかわらず、黒人であるというだけで、家から一歩外に出るとどのような危険が待ち受けているか、本人たちでないと理解はできないであろう、と語っている。

女子テニス選手の大坂なおみもこの事件を受けてウェスタン＆サザンオープンの準決勝の棄権を表明したが、大会開催者側が一日延期したことにより出場することにした。大坂は、その後の全米オープンでは決勝戦に至るまでの七試合で、試合前に、過去のアメリカ黒人の犠牲者七名の名をそれぞれに記した黒いマスクを着用し、黒人差別への抵抗を示した。優勝後のインタビューでは、七つのマスクではまったく足りないのが残念だと語った。

†白人優位性のかげり

このような黒人への差別に対する抗議がある一方で、口を開かず、消極的な態度をとる人びとがいる。それは、経済的にも社会的にも圧倒的に有利な立場にいた時代を懐かしむ一部の白人たちである。

ブルーカラー労働者の白人も、かつては白人であるということだけで社会的地位は踏襲されていた。彼らは教育程度、経済的恩恵、政治的発言、社会的地位などで劣っているところがあったとしても、白人であるという事実だけで、自分は黒人より優れていると思っていた。

社会的上昇を目指すときに、梯子(はしご)を一段一段登っていくことが白人には許されていた。しかし、黒人にはもともとその機会さえなかった。梯子を登っていくときに後から登って追い越そうとする者がいれば、蹴落とすしかない。後から追いかけてくるのが黒人であったり、移民であったりすれば、それは遠慮なく蹴落としてよいし、蹴落とすべきだとこれらの白人は思っていた。さもなければ、自分たちが蹴落とされると恐れを抱いていたのである。

人口動態の変化、労働組合の組織力の低化、経済的地位の喪失が加速してくると、白人たちは自分たちの居場所や社会的地位が揺るがされる不安を抱くようになった。父親の世代では不安なく享受できていた将来の安定した地位が、今や揺らぎ、他の者たちに取って代わられる恐れを抱くようになったのだ。彼らにとって黒人の血をひく者が大統領になることなど、想像もできないことだった。ヨーロッパ以外からの移民が経済的に有利な立場を確保しはじめ、自分たちを抜き去っていく、彼らはそんな恐れを抱いた。

ドナルド・トランプが二〇一六年に「アメリカを再び偉大に」と呼びかけたとき、アメリカン・ドリームを失いかけていた白人ですぐさま支持にまわる者たちがいた。彼らにとって、肌の色が白いということだけが唯一の拠り所であった。「他のどんなものも失うかもしれないが、白人であることは変わらない」というのが彼らの強い思いなのだ。事実上、彼らの強みは白人であることしかない。だから白人だけが恩恵を受けた時代に再び戻りたいと思い、それがトランプ支持に直結したのである。

†今、アメリカで黒人として生きること

二〇二〇年代に入った今、アメリカ黒人に関して最も複雑かつ困難な課題は、皮膚の色が差

別の対象とはならない世の中になったという「カラー・ブラインドネス」という考えであろう。それが事実だとしたら、キング牧師の掲げた理想が実現したことになるが、現実はその理想からはかけ離れている。

かつてのあからさまな人種差別とくらべれば、現状は改善されているかもしれない。しかし、実際は「カラーブラインド」ではない現実を生きている人びとからすれば、「カラー・ブラインドネス」は臭いものに蓋をする理屈ということになろう。全ての人びとが出自、家系、教育機会、所得水準、尊厳などの点から同じ土俵に立っているのであれば、その理屈も成り立つが、実際はそうではない。普段、道を歩いているときに感じるまなざしや無視が、皮膚の色を無視できないことを思い出させるのだ。

†選挙における差別

州議会やアメリカ合衆国議会の代表者はそれぞれの州や選挙区の人びとによる投票で選ばれるが、一九六五年の投票権法の制定以来、ジム・クロウのもとでの黒人の選挙登録への妨害のように、黒人やその他の人種的マイノリティが選挙に参加するのを阻む行為は違法とされている。

しかし現在は現在で、新たな障害がある。それは、有権者登録の写真付き身分証明書の提出義務化である。アメリカでは、日本とは異なり、投票者は政府が発行した写真付き身分証明書を提示しなければならない。つまり、投票権があることを「証明」しなければならないのだ。州によっては、市民権の証明として、出生証明書かパスポートどちらかの提示を求めるところもある。前者は出生地の役所で請求し、支払いをしなければならないし、病院ではなく家で生まれた子に証明書は発行されない。また後者のパスポートは高価なもので、海外に行かない者にはまったく必要のないものであり、貧しい人びとはパスポートを持たない。運転免許証で受け付ける州もあるが、車を持たないのであれば、免許を持つ必要はないだろう。

一三〇〇万人にのぼるアメリカ市民には、市民権を証明するこうした書類の準備がなく、その影響はとりわけ、マイノリティや貧しい人びとや高齢者で深刻である。別の州は、社会保障カード、もしくは名前、住所、社会保障番号が示されたW－2（源泉徴収票）の提示を求めている。失業者や日雇い労働者など短期で雇用されている人たちはそのどちらも使うことができず、したがって彼らは投票のための登録ができない。

二〇二〇年の選挙に先立って、一部の共和党の候補者とその支持者が、郵便投票による大規模な不正があるかもしれないと主張した。彼らの狙いは、ラテン系や黒人やその他のマイノリティによる投票を思いとどまらせたり、完全に妨げたりすることだった。また注意しなければならないのは、投獄された重罪人は、収監中も釈放後も、投票する資格がないということである。

†教育における差別

公民権運動をへて、アメリカの公立学校の隔離政策は撤廃されたとされているが、教育を受ける機会の平等はまだ果たされていない。いわゆる「アカデミー」「チャータースクール」と呼ばれる私立学校は、特定の信仰を持つ人びとや白人たちで組織されている。それらの人びとは、自分の子どもたちが近くの公立校に登校するのを、とりわけ、そこに通う生徒の大部分が非白人であった場合に忌避する人びとである。彼らは、複数の「人種」が住む地域に居住していたとしても、基本的に、白人だけが通う私立学校に子どもたちを通わせるのだ。

これらの学校には「人種」に関連した問題が二つある。まずアメリカでは、義務教育は固定資産税（不動産税）によって支えられている。裕福な家庭がいる地域では、教育機関をより手厚く支援することができ、より質のよい設備や道具、機会を子どもたちに与えられる。つまり、そもそも、もしそのコミュニティが貧困や、貧困に近い状況をなんとか切り抜けているのならば、公教育を支える税金もまた少ないのである。

もうひとつは、政府から「教育バウチャー」（School Vouchers）を得ようとする白人を中心とした政治運動の問題である。私立学校は、親が支払う授業料で賄われていると思われがちであるが、固定資産税の拠出もある。言い換えれば、子どもを特別な学校に入れるためには、親が二重の経済的負担を強いられることになるのだ。しかし一部の地域で導入された「教育バウチャー」制度においては、公立学校に使われるはずだった予算を、入学した生徒のバウチャー(クーポン)分、私立学校が使うことができる。そして、「教育バウチャー」を使った保護者はその分授業料が安くなる。保護者たちはある意味で、政府が発行した「教育バウチャー」を使うことで、他の「人種」の子どもたちと出会わない学校に自分の子どもを入れることができるのである。

†住居をめぐる差別

住む場所を求める黒人に対する差別は、ジム・クロウ、人種隔離政策、そして黒人たちへのテロリズムを通じて、少なくとも一世紀半のあいだ、問題であり続けている。

よりよい住まいを探す黒人は、白人が「契約」し、不動産のエージェントが黒人がその地所を買うことを禁じている白人の地区からは遠ざけられている。そのため、多くの黒人は犯罪率が高い、あるいは有害廃棄物処理場に近い地域の、質の良くない高層団地に住むことになる。そこではインフラが整備されておらず、衛生設備や公共交通機関や警察の保護も乏しい。

さまざまな地域で、「混合住宅」(一戸建て住宅地に建てられた集合住宅)を禁止する法律が制定された。集合住宅が貧しい人びとを引き寄せることで、結果として土地の資産価値が下がると考えられたためである。

それに加えて、潜在的な黒人の住宅購入者は、彼らが黒人であるというだけの理由で、政府による低金利の住宅ローンから遠ざけられている。毎月のローンの支払いをするに十分なほどの収入のある定職につけないためだ。また法律にのっとって住宅ローンの融資を行っていた銀行は、実に多くの地域で――合法的、また違法なやり方で――黒人が住宅ローンを組むことを拒否してきた。

一九三四年にアメリカ合衆国議会によって創設された連邦住宅局（ＦＨＡ）は、銀行の住宅ローンに保険をかけ、金利の低下と、住宅を購入するのに必要な頭金の減額をもたらした。だがＦＨＡが採用したのは、黒人などのマイノリティがいない緑の地域（Ａランク）を「需要あり」と示す地図だった。一方でマイノリティが多く住む赤の地域（Ｄランク）は、ＦＨＡに「不適格」な場所と考えられた。こうした「レッドライニング」とよばれる境界設定によって、黒人が制度から締め出されたことは、容易に見当がつくだろう。住宅ローン産業全体が、黒人がいかなる地域でも適当なローンを組めないように操作を行なっていたのである。レッドライニングは、一九六八年にフェアハウジング法ができて公式に非合法化された。しかし、銀行による「レッドライニング」の報告は今日も続いている。

したがって、黒人は金利の高いローン――ほかの人よりも多くの金額を、長きにわたって支払い続けなくてはならなくなる――もしくは紙幅のため詳細は説明できないが、「契約で」(On contract) というトリッキーで高額なシステムの利用を強いられることになる。こうした状況にいる人びとは、サブプライムローン危機の犠牲ともなった。

家の所有はアメリカン・ドリームのひとつである。それを支えていたのは、「人種」を問わないはずのニューディール政策、第二次大戦後のGI法、そしていくつかの雇用給付金だった。しかし最近の詳しい調査を踏まえたいくつかの本で明らかになったのは、ニューディールの住宅政策も戦後のGI給付金も、黒人を排除していたということであった。

†「世代的な富」の欠如

二〇世紀に黒人たちが支払った代償は、政府がもうけた、富を築くための最大の機会から締め出されたことだった。差別は法的な権利や選挙権、教育を受ける権利やバスや列車に座る権利においてあるだけではなく、黒人の家族が住む場所を得ることを巧妙に妨げた。なにより重要なのは、住宅がアメリカに暮らす家族にとっての大きな富の源泉であるということである。この資産は世代を超えて受け渡すことができるものであるために、白人の家族は「富」を築くことができ、黒人の家族にはそれができなかった。

中産階級の白人たちはしばしば「世代的な富」というものを持ってきた。それは亡くなった両親の家であったり、それなりの相続財産であったり、おじやおばからの贈り物であったりした。一方で中産階級の黒人にあるのは「世代的な負債」である。それは刑務所から出た後で仕事に就けないで引きこもる父親や、立ち退きを命じられ住むところのなくなった親類であり、育児ができない母の代わりに、祖母が孫たちを世話するような状況のことである。

ブルッキングス研究所によると、大学卒業後のアメリカの黒人が負う奨学金の返済額にも、世代的な負債のギャップがある。白人の場合は、卒業後の四年間で二万八〇〇〇ドルであり、それでも相当な額ではあるが、次第に減少している。しかし黒人の場合、その額は五万三〇〇〇ドルにのぼり、彼らはその負債を返すために苦境を強いられる。

黒人の富に対する最も大きな打撃は、これまで見てきたように、住宅ローンを組む際の制度的な障害や、購入可能な住宅をめぐる差別を乗り越える必要や、たとえゆっくりとしたペースでも、住宅という資産を通じて富を築くことができないことから来ている。これがあるために、ほかの人種の人びとに「追いつく」ことがほとんど不可能になっているのである。一九六五年、リンドン・ジョンソン大統領はすでにこのことを的確に言い当てていた。「何年も鎖に繋がれていた人を解放してスタートラインに立たせ、「自由に他の人たちと競争せよ」と言ったとして、それで自分が完全に公平なふるまいをしたと思ってはいけない」。

これは白人世帯と黒人世帯のあいだで拡大する富の格差の結果であり原因である。二〇二〇年現在、平均すると、白人世帯は黒人世帯と比べても七から一〇倍の富を持つとされている。アメリカの人口の約一三パーセントを占めているにもかかわらず、黒人の持つ富は国の全体のわずか三パーセント以下である。白人家庭の富の中央値が一七万一〇〇〇ドルであるのに対し、黒人家庭の場合はわずか一万七六〇〇ドルだ。経済政策研究所によると、黒人世帯の一九パーセントは純資産がゼロかマイナスであり、それほど貧しいのは白人世帯ではわずか九パーセントである。

†レイシズムとは何か

そもそもレイシズム（人種主義）とは何だろうか。どの人種にとっても例外なく、アメリカ人にとって「レイシスト」（人種差別主義者）という言葉は敏感にならざるを得ないものである。言われた相手は断固として答えるだろう、「わたしはレイシストではない。黒人の友人もいる。だれもが平等に扱われるべきだと思っている」と。

だが、自分がレイシストであることを否定することは、かならずしも人種差別を否定する信念に従っていることを意味しない。ほとんどの人びとが、アラバマ州バーミンガムで起こったような、黒人の教会を爆破し、黒人の子どもを殺害するテロリストが「レイシスト」であることに同意するだろう。一般的な白人が「レイシスト」のレッテルを貼られたくないのは、自分たちがそのような人間と同じであると思われたくないからである。そう思われないために肝心なのは、イブラム・X・ケンディが『反レイシストになるには』(*How to Be an Antiracist*)で指摘したように、人種差別的な態度をなくすべく、積極的に行動するようになるかどうかである。

しかしレイシズムには、より見えにくいものがある。しばしば「慣例化したレイシズム」などと呼ばれるものだ。ケンディは「慣例的な人種差別の方針」として、これに正確に言及している。これは一個人の行為に基づくものではなく、集団や組織、地域共同体や地方、州、もしくは連邦政府の方針の結果としてあらわれる。ケンディは先の著作で一例を挙げている――バーミンガムでは、人種差別的な方針がとられ、毎年五〇〇人の黒人の乳幼児が死亡しているが、それは適切な栄養やシェルターや医療が与えられていないためなのである。また、たとえそれを生き延びたとしても、彼らは教育、警察による保護、住宅供給、経済的なチャンスが不十分ななか、絶え間ない恐怖とフラストレーションを抱えて生きることになる。

「人種的不平等」はしばしば見逃される。それは容易には見えないし、見ようとしても見るのが難しいからだ。しかし、それは確かに存在している――たとえ我々が「ポスト・レイシズム」の時代にいる、といわれているとしても。

「レイシズム」という言葉に中立性はない。「レイシスト」の反対語は「非レイシスト」ではない。その反対語は、「反レイシスト」であり、それは、権力や政策や個々人の態度のなかに問題の根幹を見出し、解体しようと行動する者のことである。「反レイシズム」は異なる「人種」の人びとを理解しようとする絶え間ない試みであり、レイシズムに向き合わない、ただの「人種にたいする受動的な態度」である「カラー・ブラインド」になることではない。だれかが他者を、生物学的に、あるいは民族性によって、身体の特徴によって、文化的背景、ふるまい、階級、もしくは肌の色によってジャッジする――ポジティブなものでもそうでないものでも――そのとき「レイシズム」があらわれる。「レイシズム」は一人の人間をステレオタイプに押し込め、その個人を、対等に権利と機会を与えられた、対等な存在として認めない。

だれかを人種で判断することの危険について一例を挙げよう。もし黒人は生来的にスポーツや音楽に長じていて、その能力に「恵まれている」とするならば、これもまたレイシズムである。なぜならそれは、そうした能力を得るための過酷な努力を認めないことでもあるからだ。もし特定の人びとが生まれながらにしてアスリートであったり音楽家であったりするなら、彼らは別の何者か――たとえば、科学者、医者、発明家――になることはできない、ということになってしまう。レイシズムは中立ではない。それには広範な影響があり、いつもわかりやすいかたちをとるわけではないのである。

†人種的アイデンティティ

一九九七年、プロゴルファーのタイガー・ウッズは、冗談半分で自分のことを「カブリネイジアン」つまり、コーケイジャン（白人）（Caucasian）、ブラック（Black）、インディアン（Indian）そしてアジアン（Asian）と呼んでほしいと言った。ウッズの祖父は四つの異なる人種的背景を持っていたので間違ってはいないが、黒人のなかには、なぜ単純に黒人であると言わなかったのかといぶかしく思う者もいた（一方で、保守的なゴルフクラブは、ウッズの黒人性ゆえにプレイを許さなかった）。また二〇二〇年にNBAルーキーの八村塁選手が自分は黒人であると言ったときに、チームメイトに日本人だろうと言われた。それに対して八村選手は、それでは自分は「ブラックニーズ」（ブラック＋ジャパニーズ）と呼ばれるべきかもしれないと答えた。

最近では、確かに人種的アイデンティティは個人の意識によるものとする見方が定着しつつある。アジア系アメリカ人、アメリカ先住民、日系アメリカ人、ラテン系アメリカ人、黒人、白人のいずれかを、あるいはミックスであることを自らのアイデンティティの拠り所とするのは本人次第である。しかし、一方で、今でも車を運転しているときに有色人種であるという理由だけで警官に故意に呼び止められる「レイシャル・プロファイリング」は存在する。自らの選択で自らの「人種」を必ずしも決めることができないのも事実なのである。

二〇〇〇年の国勢調査では、「人種」の選択肢のなかに白人、黒人というものだけでなく「その他の人種」「二つあるいはそれ以上の人種」という項目が追加された。これにより、特にラテン系アメリカ人で白か黒かで迷っていた人びとには選択肢が増えることになった。大多数の科学者たちも、「人種」とは遺伝的なものではなく、社会的に構築された概念であるという意見を持っている。したがって、「人種」は遺伝子が決定するものではなく、文化的、社会的要素に基づいたものであるということになる。しかし、だからといって「無人種」（レイスレスネス）という概念は受け入れられるだろうか。

かつては黒人の血が一滴でも混じっていれば、自動的に黒人と見なされた。奴隷制がしかれていた時代は、白人農園主は貧しい白人労働者と黒人奴隷が結託して反抗するのを恐れて、意図的に白人労働者を優遇し、二つのグループの間にくさびを打ち込んだ。白人農園主たちは、貧しい白人労働者たちにアメリカ先住民から奪い取った土地を与え、また、逃亡した黒人奴隷を「パトロール」して見つけて捕える「民兵」的権限も与えた。逃亡とまでいかずとも、他のプランテーションで働く妻に会いに行くためにこっそりと抜け出した黒人男性の奴隷でも、白人労働者が見つければ捕えて、鞭打ちすることが許された（ただし、報酬を得るためには奴隷を殺すまで痛めつけてはならず、貴重な労働力として確保しておくために適度に罰を与えることが求められた）。

そうして、白人労働者はどんなに貧しくても、少なくとも黒人奴隷よりは、社会的地位は一段上にあることを保証された。そして、逃亡した奴隷を捕えることは、やがて「逃亡奴隷法」として制度化され南部に限らず北部でも実施された。法律そのものは過去の出来事ではあるが、その社会的なダイナミズムは今でも息づいていると言ってもよかろう。

NBAのかつてのスーパースターのマジック・ジョンソンは、ジョージ・フロイド事件が起きたときに、ふたりの息子を強く諭したという。車を運転していて警官に呼び止められたら、まず、警官が見える位置に手を置いておくこと、警官が言うとおりに行動すること、決して口答えしてはならないこと、突然身動きをしたりしないことなどを、重々言い聞かせた。マジック・ジョンソン自身は有名人であっても、警官にとって彼の息子たちは単なる黒人の若者にすぎないのだとも、彼は付け加えた。

「人種」は社会的に構築されたものである。しかし、そこから逃れるのは難しいのだ。

†賠償問題

一八六五年に南北戦争が終結に向かい、北軍のシャーマン将軍は「四〇エーカーとラバ一頭」として知られる補償を奴隷解放後の黒人に約束した。それは、第3章でも述べたが、大西洋沿岸地域の広大な土地から農地としての四〇エーカー（約一六ヘクタール）と鍬の代わりとしてのラバ一頭を黒人奴隷に分け与えるという約束であった。リンカーン大統領と議会は、この約束を実行に移し、南部の四万人の解放奴隷は、土地を与えられ自分たちの土地を耕し始めた。

しかし、それから数か月後にリンカーン大統領は暗殺され、後を継いだジョンソン大統領は、その約束を反故にし、土地を白人たちに戻してしまった。議会は、解放奴隷に対して他の方法での補償を試みたが、ジョンソン大統領は拒否権を発動した。南北戦争後の出来事を今ここで再度こうして振り返るのは、アメリカ黒人に対する「約束」の反故の源流が「四〇エーカーとラバ一頭」にあるからである。

ミシガン州デトロイト選出の連邦下院議員ジョン・コニャーズは一九八九年から二〇一七年に引退するまで、三〇年近くにわたって毎年、アメリカ黒人の賠償問題に関する委員会の立ち上げを求める議案を提出し続けた。作家のタナハシ・コーツは二〇一四年に出版した『賠償問題』で、奴隷制のもと黒人が強制労働を提供させられた事実を改めて直視する必要性を主張し、そのことに対する賠償を求めて衆目を集めた。

多くの白人指導者たちは、公民権法（一九六四年）と投票権法（一九六五年）が可決したことにより、何世紀にもわたって続いた黒人に対する抑圧と残虐行為は終焉を迎え、アメリカ社会は平等になったと主張した。リチャード・ニクソン大統領は、一九六五年に「教育、雇用や投票の機会均等に関するほとんどすべての立法上の障害は取り除かれた」と述べた。この解釈が拡大され、失った賃金（すなわち奴隷制下での未払い、ジム・クロウ下での低賃金）、土地の没収、教育を受ける機会や住宅提供の不平等などで、アメリカの黒人が何世代にもわたって受けつづけてきた被害に対する最大二四兆ドルとも推計されている賠償は、なかったことにされた。何事もなかったかのように忘却の彼方に消え去ってしまったのである。

二世紀半にわたって奴隷制のもと、白人奴隷所有者は私腹を肥やすために、残忍な方法で奴隷に労働を強いてきた。奴隷たちは、まともな衣服、住居、家具も与えられず、次世代に引き継げるものはほとんど何もなかった。ジム・クロウが続いたほぼ一世紀の間、黒人の農民や工場労働者は稼ぐことができても、自分たちの日々の生活を支えることで精一杯だった。そのことに対する賠償はどうなるのか。

マイノリティ集団の賠償問題に関しては、ここで在米日系人について触れておかねばならない。一九八八年八月一〇日、レーガン大統領は「市民の自由法」に署名した。第二次世界大戦中に強制収容所に収容された約一二万人の日系人に対して公式に謝罪し、当時存命していた人などに対して二万ドルを支払った。この行為は賠償（reparation）というよりもリドレス（redress）運動、すなわち過ちを正すという運動が結実したものであった。一九九九年に終了するまでに、八万二二一〇回の支払いが行われ、合計で一六億ドルが支払われたといわれている。また、個人への賠償だけでなく、次世代へ語り伝えるための教育基金をもとにさまざまな教材の作成や啓発活動も行われている。

それでは、日系人以上に長年にわたって差別と虐待を経験してきた黒人への賠償はどうなるのかという疑問が当然湧いてくる。その必要性を説いたのが、前述のジョン・コニャーズであり夕ナハシ・コーツであるが、二〇一九年に実施された調査では、二九パーセントの人びとが連邦政府は何らかの形で奴隷の子孫たちに金銭的補償を行うべきだと回答している。この数値は二〇〇〇年当時の約二倍にあたる。

二〇一九年四月、首都ワシントンDCにあるジョージタウン大学では、学生協会が、一八三八年に大学の借金返済のために売られたイエズス会の奴隷二七二人の子孫にあたる八四二五人に対しての基金設立を大学側に求める決議をし、同大理事会は、子孫たちへの教育支援、慈善活動に使われることを目的とした基金設立を決定した。またバージニア神学校は、キャンパス建設に関わった奴隷の子孫たちへの財政的支援のため、一七〇〇万ドルの基金を設立した。

一方で、金銭的補償に対して懐疑的な人びとも少なからずいる。今の時代に生きているアメリカ黒人の補償対象者を特定するのは至難の業であり、奴隷に限らず移民たちで差別的待遇を経験してきた人びとへの補償問題も浮上してくる。オバマ大統領は、アメリカ黒人への補償はアメリカ国民の理解を得ることは著しく困難であり非現実的であると述べ、貧困撲滅や人種差別撤廃にむけた、普遍的な政策を実施する方がより重要であると説いた。また黒人コミュニティのなかでも、オバマ大統領の意見に同調する者もいた。実際問題として、「一八七〇年のレンガ壁」として知られている障壁が個人の特定を阻んでいる。すなわち、奴隷解放前の国勢調査には、黒人奴隷の姓が記載されていないため、奴隷の子孫の特定が困難なのだ。

†「ブラック・ライブズ・マター」の意味

本章の冒頭でも述べたが、ジョージ・フロイド事件を受けて、「ブラック・ライブズ・マター」が世界中で叫ばれるようになった。この表現が使われるようになったのは二〇一三年、フロリダで、当時一七歳であったトレイボン・マーティンが射殺された事件からだとされている（第6章参照）。「黒人の命もまた大切である」という叫びが、こうして世界に届くようになってきたのだ。

この運動の呼称について「すべての命が大切だ（オール・ライブズ・マター）」にすべきだと言う者や、「ホワイト・ライブス・マター」あるいは「レッド・ライブス・マター」、はたまた警官を指して「ブルー・ライブズ・マター」といったことまで言いだす者がいる。だが、こうした反応の多くはまったくの的外れである。アメリカの四世紀にわたる黒人に対する扱いは、「黒人の命は大切ではない」とでも言っているようなものだった。奴隷として、自由民として、

カリフォルニア州ロング・ビーチ警察署前で膝をつき抗議する人たち
(2020年5月31日)(AP/アフロ提供)

二級市民として、下位カーストの一員として、「大切な命ではない」とされてきたのである。その歴史のうえで、黒人の命を公平に、平等に扱うようにと訴える運動が始まったのだ。「黒人の命『も』大切だ」という世界への呼びかけにはこうした背景があるのである。

ブラック・ライブズ・マター運動は、ジョージ・フロイド事件をきっかけに再燃し、平和的なデモや「膝をつく」姿勢で意思表示をするようになった。膝をつくという行為は、前述したコリン・キャパニックのとったジェスチャーであるとともに、ジョージ・フロイドが警官によって膝で押さえつけられ死に至ったことを表すという二重の意味を持っている。

しかし、平和的なデモ行進をしていても、

やがて一部の参加者による略奪行為や放火などの暴力的な行為が取り上げられるようになると、トランプ大統領は略奪行為に走る暴漢がデモの参加者のすべてであるかのように決めつけた。大統領は表立ってそれが黒人だとは言わなかった。しかし、特定の文脈では「暴漢」が黒人の代名詞となり、「違法移民」や「ギャング」がラテン系アメリカ人の代名詞となっていることを大衆は知っている。社会の風紀を乱す輩たちを取り締まることによって秩序を保つのは大切かもしれないが、トランプは一九七〇年代前半に盛んに使われた「法と秩序」というスローガンを再利用して政府の権限強化を図ったとの見方をされても致し方ないだろう。

†これから

今後を占うことは誰にもできない。しかし、ブラック・ライブズ・マター運動に関する世論調査によれば、少しは楽観視してもよいかもしれない。運動に対する支援は二〇一八年度初めから始まったが、その当時、運動の主張に対しての調査結果は賛否半々であった。しかし、二〇二〇年七月に再調査をしたとき、賛同する者の割合が二八パーセントも増加していた。この傾向が続くかどうかは神のみぞ知ることではあるが、二〇二〇年現在、アメリカ人の多数がブラック・ライブズ・マター運動を支持する方向に傾いているということは特筆すべき出来事であろう。

当初は限定的な運動であったのが、今では全米に広がりを見せているブラック・ライブズ・マター運動。警察と抗議行動をする人びとが対峙する初期段階での問題を解決するために、たとえば、警察の制度改革、警察における軍事的な武器や車両購入のための予算の削減、直接的・対立的姿勢から間接的姿勢、段階的接触に変えるための警官への指導、地元住民への精神面・健康面のケアなどが検討されつつある。また黒人以外のマイノリティの住民たちが共感を寄せて、アメリカ社会の根深い人種問題に対して解決の糸口を見つけようとする努力も全米各地で見られている。

前述したジョン・ルイス連邦下院議員は、二〇二〇年七月に逝去する前に、ジョージ・フロイド事件をきっかけにブラック・ライブズ・マター運動が全米各地に、そして世界中に広がりつつあることを見るのは感動的で、「今までとは随分違うように感じている。はるかに規模が大きく、多くの人びとを巻き込んでいる。もう後戻りはできない」と語った。いつの日か、故ルイス議員の予見が正しかったと言える日が来ることをともに祈りたい。

ちくま新書
1539

アメリカ黒人史(こくじんし)
――奴隷制(どれいせい)からBLMまで

二〇二〇年一二月一〇日　第一刷発行

著　者　ジェームス・M・バーダマン
訳　者　森本豊富(もりもと・とよとみ)

発行者　喜入冬子
発行所　株式会社 筑摩書房
東京都台東区蔵前二―五―三　郵便番号一一一―八七五五
電話番号〇三―五六八七―二六〇一（代表）
装幀者　間村俊一
印刷・製本　株式会社 精興社

ISBN978-4-480-07358-7 C0222

参考文献

書籍

Abbott, Elizabeth. *Sugar: A Bittersweet History*. London: Duckworth, 2009.

Arsenault, Raymond. *Freedom Riders: 1961 and the Struggle for Racial Justice*. Oxford: Oxford University Press, 2006.

Alexander, Michelle. *The New Jim Crow: Mass Incarceration in the Age of Colorblindness*, revised edition. New York: The New Press, 2012.

Anderson, Carol. *White Rage: The Unspoken Truth of Our Racial Divide*. New York: Bloomsbury, 2016.

Ayers, Edward L. *Southern Crossing: A History of the American South, 1877-1906*. New York: Oxford University Press, 1996.

Ball, Howard. *Justice in Mississippi: The Murder Trial of Edgar Ray Killen*. Lawrence: University Press of Kansas, 2006.

——. *Murder in Mississippi: United States v. Price and the Struggle for Civil Rights*. Lawrence: University Press of Kansas, 2004.

Berlin, Ira. *Generations of Captivity: A History of African-American Slaves*. Cambridge: Belknap Press, 2003.

——. *The Making of African America: The Four Great Migrations*. New York: Viking, 2010.

——. *Many Thousands Gone: The First Two Centuries of Slavery in North America*. Cambridge: Harvard University Press, 1998.

Blackmon, Douglas A. *Slavery by Another Name: The Re-Enslavement of Black Americans from the Civil War to World War II*. New York: Doubleday, 2008.

Blight, David W. *A Slave No More: Two Men Who Escaped to Freedom, Including Their Own Narratives of Emancipation.* New York: Harcourt, 2007.

Bordewich, Fergus M. *Bound for Canaan: The Underground Railroad and the War for the Soul of America.* New York: Harper Collins, 2005.

Boyd, Todd. *Young, Black, Rich and Famous: The Rise of the NBA, the Hip Hop Invasion and the Transformation of American Culture.* New York: Doubleday, 2003.

Brown, Cecil. *Stagolee Shot Billy.* Cambridge: Harvard University Press, 2003.

Buck, Stuart. *Acting White: The Ironic Legacy of Desegregation.* New Haven: Yale University Press, 2010.

Camp, Stephanie M. H. *Closer to Freedom: Enslaved Women and Everyday Resistance in the Plantation South.* Chapel Hill: University of North Carolina Press, 2004.

Chafe, William H., Raymound Gavins, and Robert Korstad. *Remembering Jim Crow: African Americans Tell About Life in the Segregated South.* New York: The New Press, 2001.

Chalmers, David M. *Hooded Americanism: The History of the Ku Klux Klan*, 3rd edition. Durham: Duke University Press, 1987.

Chude-Sokei, Louis. *The Last 'Darky': Bert Williams, Black-on-Black Minstrelsy, and the African Diaspora.* Durham and London: Duke University Press, 2006.

Coates, Ta-Nehisi. "The Case for Reparations," *The Atlantic*, June 2014.

——. *Between the World and Me.* New York: Spiegal & Grau, 2015.

——. *We Were Eight Years in Power.* New York: One World Publishing, 2017.

Cobb, James C. *The Most Southern Place on Earth: The Mississippi Delta and the Roots of Regional Identity*. Oxford: Oxford University Press, 1992.

Cohen, Adam. *Supreme Inequality: The Supreme Court's Fifty-year Battle for a More Unjust America*. New York: Penguin, 2020.

Cose, Ellis. *The End of Anger: A New Generation's Take on Race and Rage*. New York: Harper Collins, 2011.

Cunningham, David. *Klansville, U.S.A.: The Rise and Fall of the Civil Rights-Era Ku Klux Klan*. New York: Oxford University Press, 2012.

Dattel, Gene. *Cotton and Race in the Making of America: The Human Costs of Economic Power*. Chicago: Ivan R. Dee, 2009.

DeLaughter, Bobby. *Never Too Late: A Prosecutor's Story of Justice in the Medgar Evers Case*. New York: Scribner, 2001.

Dodson, Howard, and Sylviane A. Diouf. *In Motion: The African-American Migration Experience*. Washington, D.C., The Schomburg Center for Research in Black Culture, The New York Public Library, 2004.

Doyle, William. *An American Insurrection: James Meredith and the Battle of Oxford, Mississippi, 1962*. New York: Anchor, 2003.

Du Bois, W. E. B. *The Gift of Black Folk: The Negroes in the Making of America*. New York: Square One Publishers, 2009.

Dyson, Michael Eric. *April 4, 1968: Martin Luther King, Jr.'s Death and How It Changed America*. New York: Basic Civitas, 2008.

Early, Gerald L. *A Level Playing Field: African American Athletes and the Republic of Sports*. Cambridge: Harvard University Press, 2011.

Escott, Paul D. *Slavery Remembered: A Record of Twenti-*

eth-Century Slave Narratives. Chapel Hill: University of North Carolina Press, 1979.

Evers-Williams, Myrlie, and Manning Marable. *The Autobiography of Medgar Evers: A Hero's Life and Legacy Revealed Through His Writings, Letters, and Speeches*. New York: Basic Civitas Books, 2005.

Fairclough, Adam. *Better Day Coming: Blacks and Equality, 1890–2000*. New York: Penguin, 2001.

Faust, Drew G. *James Henry Hammond and the Old South: A Design for Mastery*. Baton Rouge: Louisiana State University Press, 1982.

Fehrenbacher, Don Edward. *The Dred Scott Case: Its Significance in American Law and Politics*. New York: Oxford University Press, 2001.

Franklin, John Hope. *Reconstruction after the Civil War, second edition*. Chicago: University of Chicago Press, 1994.

Franklin, John Hope, and Loren Schweninger. *In Search of the Promised Land: A Slave Family in the Old South*. Oxford: Oxford University Press, 2006.

Gates, Henry Louis, Jr. *Stony the Road: Reconstruction, White Supremacy, and the Rise of Jim Crow*. New York: Penguin Press, 2019.

Genovese, Eugene D. *Roll, Jordan, Roll: the World the Slaves Made*. New York: Random House, 1974.

Gill, Jonathan. *Harlem: The Four Hundred Year History from Dutch Village to Capital of Black America*. New York: Grove Press, 2011.

Goldstone, Lawrence. *Inherently Unequal: The Betrayal of Equal Rights by the Supreme Court, 1865–1903*. New York: Walker & Company, 2011.

Gregory, James N. *The Southern Diaspora: How the Great Mi-*

grations of Black and White Southerners Transformed America. Chapel Hill: University of North Carolina Press, 2005.

Hahn, Steven. *A Nation Under Our Feet: Black Political Struggles in the Rural South from Slavery to the Great Migration.* Cambridge: Harvard University Press, 2003.

Heywood, Linda M. and John K. Thornton. *Central Africans, Atlantic Creoles, and the Foundation of the Americas, 1585–1660.* Cambridge: Cambridge University Press, 2007.

Holmes, William F. *The White Chief: James Kimble Vardaman.* Baton Rouge: Louisiana State University Press, 1970.

Horowitz, David. *Uncivil Wars: The Controversy over Reparations for Slavery.* San Francisco: Encounter Books, 2002.

Horton, James Oliver and Louis E. Horton. *Slavery and the Making of America.* Oxford: Oxford University Press, 2004.

Howe, Daniel Walker. *What Hath God Wrought: The Transformation of America: 1815–1848.* New York: Oxford University Press, 2007.

Joseph, Peniel E. *Dark Days, Bright Nights: From Black Power to Barack Obama.* New York: Basic Civitas Books, 2010.

Joyner, Charles. *Down by the Riverside: A South Carolina Slave Community.* Urbana and Chicago: University of Illinois Press, 1984.

Katagiri, Yasuhiro. *The Mississippi State Sovereignty Commission: Civil Rights and States' Rights.* Jackson: University Press of Mississippi, 2001.

Kelley, Robin D. G. and Earl Lewis, eds. *To Make Our World Anew: A History of African Americans.* Oxford: Oxford University Press, 2000.

Kendi, Ibram X. *Stamped from the Beginning: The Definitive History of Racist Ideas in America.* London: Bodley Head, 2017.

——. *How to Be an Antiracist.* London: Bodley Head, 2019.

Klein, Herbert S. *The Atlantic Slave Trade,* Second Edition. Cambridge: Cambridge University Press, 2010.

Lemann, Nicholas. *The Promised Land: The Great Black Migration and How It Changed America.* New York: Vintage, 1991.

Lepore, Jill. *These Truths: A History of the United States.* New York: W. W. Norton & Company, 2018.

Levine, Lawrence L. *Black Culture and Black Consciousness: Afro-American Folk Thought from Slavery to Freedom.* New York: Oxford University Press, 1977.

Libby, David J. *Slavery and Frontier Mississippi, 1720–1835.* Jackson: University Press of Mississippi, 2004.

Litwack, Leon F. *Been in the Storm So Long: The Aftermath of Slavery.* New York: Vintage, 1979.

——. *How Free Is Free?: The Long Death of Jim Crow.* Cambridge: Harvard University Press, 2009.

——. *Trouble in Mind: Black Southerners in the Age of Jim Crow.* New York: Vintage, 1998.

McDaniel, W. Caleb. *Sweet Taste of Liberty: A True Story of Slavery and Restitution in America.* New York: Oxford University Press, 2019.

McDonald, John F. *Postwar Urban America: Demography, Economics, and Social Policies.* New York: Routledge, 2015.

McWhorter, Diane. *Carry Me Home: Birmingham, Alabama, the Climactic Battle of the Civil Rights Revolution.* New York: Touchstone, 2001.

Mandle, Jay R. *Not Slave, Not Free: The African American Economic Experience since the Civil War.* Durham & London: Duke University Press, 1992.

Manning, Patrick. *The African Diaspora: A History through Culture.* New York: Columbia University Press, 2009.

Marable, Manning. *Malcolm X: A Life of Reinvention.* New York: Viking, 2011.

Metress, Christopher (ed.). *The Lynching of Emmett Till: A Documentary Narrative.* Charlottesville and London: University of Virginia Press, 2002.

Moore, Jacqueline M. *Booker T. Washington, W. E. B. Dubois, and the Struggle for Racial Uplift.* Lanham, Maryland: SR Books, 2003.

Morgan, Thomas L. and William Barlow, *From Cakewalks to Concert Halls: An Illustrated History of African American Popular Music from 1895 to 1930.* Washington, D.C.: Elliot and Clark, 1992.

Morris, Willie. *The Ghosts of Medgar Evers: A Tale of Race, Murder, Mississippi and Hollywood.* New York: Random House, 1998.

Moye, J. Todd. *Freedom Flyers: The Tuskegee Airmen of World War II.* Oxford: Oxford University Press, 2010.

The New York Times Editorial Staff, *Police in America: Inspecting the Power of the Badge.* New York: The New York Times, 2020.

Ownby, Ted. *American Dreams in Mississippi: Consumers, Poverty & Culture, 1830–1998.* Chapel Hill: University of North Carolina Press, 1999.

Patterson, James T. *Restless Giant: The United States from Watergate to Bush v. Gore.* New York: Oxford University Press, 2005.

Raboteau, Albert J. *Slave Religion: The "Invisible Institution" in the Antebellum South.* Oxford: Oxford University Press, 2004.

Reader, John. *Africa: A Biography of the Continent.* New York: Vintage, 1997.

Rediker, Marcus. *The Slave Ship: A Human History.* New York:

Penguin, 2007.
Reid, Richard J. *A History of Modern Africa: 1800 to the Present.* Oxford: Wiley-Blackwell, 2009.
Richardson, Heather Cox. *How the South Won the Civil War: Oligarchy, Democracy, and the Continuing Fight for the Soul of America.* New York: Oxford University Press, 2020.
Risen, Clay. *A Nation on Fire: America in the Wake of the King Assassination.* Hoboken, NJ: John Wiley & Sons, 2009.
Rothstein, Richard. *The Color of Law: A Forgotten History of How Our Government Segregated America.* New York: Liveright Publishing Corporation, 2017.
Rowley, Hazel. *Richard Wright: The Life and Times.* New York: Henry Holt, 2001.
Sullivan, Patricia. *Lift Every Voice: The NAACP and the Making of the Civil Rights Movement.* New York: The New Press, 2009.
Taylor, William Banks. *Down on Parchman Farm: The Great Prison in the Mississippi Delta.* Columbus: Ohio State University Press, 1999.
Till-Mobley, Mamie and Christopher Benson. *Death of Innocence: The Story of the Hate Crime that Changed America.* New York: Ballantine Books, 2003.
Tobin, Jacqueline L. *From Midnight to Dawn: The Last Tracks of the Underground Railroad.* New York: Doubleday, 2007.
Tuck, Stephen. *We Ain't What We Ought to Be: The Black Freedom Struggle from Emancipation to Obama.* Cambridge: Harvard University Press, 2010.
White, Shane, and Graham White. *The Sounds of Slavery: Discovering African American History through Songs, Sermons, and Speech.* Boston: Beacon Press, 2005.
Wilkerson, Isabel. *The Warmth of Other Suns: The Epic Story*

of America's Great Migration. New York: Random House, 2010.
——. *Caste: The Lies That Divide Us*. New York: Penguin, 2020.
Williams, Heather Andrea. *Self-taught: African American Education on Slavery and Freedom*. Chapel Hill: University of North Carolina Press, 2005.
Wilson, William Julius. *More Than Just Race: Being Black and Poor in the Inner City*. New York: W.W. Norton, 2009.
Winbush, Raymond A., ed. *Should America Pay?: Slavery and the Raging Debate on Reparations*. New York: Amistad, 2003.
Wynn, Neil A. *The African American Experience during World War II*. Lanham, Md.: Rowman and Littlefield Publishers, Inc., 2010.

ウェブサイト

Duke University Center for Documentary Studies
Gilder Lehrman Center for the Study of Slavery, Resistance and Abolition
National Geographic "The Underground Railroad"
New York Public Library's Schomburg Center for Research in Black Culture
Pew Research Center
U.S. Bureau of Labor Statistics
U.S. Census Bureau

関連年表

1441	ポルトガルがヨーロッパでアフリカ人奴隷の貿易を始める
1565	アフリカ人奴隷が北米のスペイン植民地であるセントオーガスティン（フロリダ）に運ばれる
1619	オランダ船に乗ったアフリカ人がジェームズタウン（バージニア）に到着する
1644	ニューイングランドの商人たちが金と黒人奴隷を目的とする交易のために最初の船をアフリカへ派遣する
1662	バージニア植民地総会が、植民地内で生まれた子どもの身分について、その母親の身分に準じるとの声明を発表
1676	ナサニエル・ベーコンの反乱
1700	ペンシルバニアとロードアイランドで奴隷制が合法となる
1739	「ストノの反乱」（サウスカロライナ）で奴隷たちが主人を殺害するが、当初予定していたフロリダへはたどりつけず
1775	バージニア総督のダンモア卿、アメリカの入植者ではなくイギリスの味方についた奴隷に自由を約束する
1776	アメリカ独立宣言
1780	ペンシルバニアが最初の段階的な奴隷解放令を制定
1783	マサチューセッツで奴隷制廃止
1787	北西部領地条例により、オハイオ川以北とミシシッピ川以東で奴隷制廃止
1791	「ハイチ革命」が始まる
1793	「逃亡奴隷法」がはじめて制定され、奴隷所有者の財産（＝奴隷）が保障される
	イーライ・ホイットニーがコットン・ジンを発明
1798	トゥーサン・ルーヴェルテュールがイギリス軍を撤退させ、サン＝ドマングの指導者となる（ハイチ）。北米ではじめて成功した黒人独立運動
1800	「ゲイブリエル・プロッサーの反乱」（バージニア）
1808	アフリカとの奴隷貿易廃止
1816	白人によるアメリカ植民協会が組織される。アフリカ系アメリカ人を西アフリカの、後にリベリアと呼ばれる地域に送り返すことを目指す

1822	チャールストンで「デンマーク・ヴィージーの反乱」が未遂のうちに発覚（サウスカロライナ）
1831	「ナット・ターナーの反乱」（バージニア）
1850	「逃亡奴隷法」により、全国の逃亡奴隷が所有者のもとへ戻されるよう定められる
1852	ハリエット・ビーチャー・ストウ『アンクル・トムの小屋』刊行
1857	最高裁の「ドレッド・スコット裁判」で、自由黒人と奴隷にはアメリカ市民の権利は認められないとの判決
1859	奴隷制廃止論者ジョン・ブラウンの一団が、バージニア州のハーパーズ・フェリーで兵器庫を襲撃
1860	共和党のエイブラハム・リンカーンが大統領選に勝利 12月、サウスカロライナが合衆国から離脱
1861	4月12日、南部連合がサウスカロライナ州チャールストン湾のサムター要塞を攻撃し、南北戦争が始まる。北部は逃亡奴隷を「輸出入禁止対象」として保護
1862	北軍に黒人の入隊が認められる
1863	1月1日、リンカーンの奴隷解放宣言が発布され、南部連合国での奴隷制が廃止に。北軍が黒人兵士の入隊を強化（映画『グローリー』を参照）
1865	南北戦争終結 リンカーンが暗殺される 奴隷制の廃止を定めた憲法修正第13条が12月に承認 連邦政府議会が避難民・解放民・放棄地局を設立 南部諸州で白人議員のみの議会が「黒人取締法」を制定 クー・クラックス・クラン（KKK）が組織される
1868	憲法修正第14条により解放奴隷に市民権が与えられる
1870	憲法修正第15条により解放奴隷の男性に投票権が与えられる（女性には与えられず）
1877	「南部再建」（リコンストラクション＝旧南部連合国の再編入）が完了、連邦軍が南部から撤退
1881	ブッカー・T・ワシントンがアラバマ州で黒人のための「タスキーギ・インスティチュート」（後のタスキーギ大学）を開校
1895	W・E・B・デュボイスが黒人としてはじめてハーバード大学の博士号を取得 ブッカー・T・ワシントンがアトランタで「アトランタの妥

	協」演説を行う
1896	プレッシー対ファーガソン事件の最高裁判決
1901	ブッカー・T・ワシントンが『奴隷より立ち上がりて』を発表
1903	W・E・B・デュボイスが『黒人のたましい』を発表
1905	黒人の新聞「シカゴ・ディフェンダー」発刊 ナイアガラ運動
1906	アトランタ人種暴動
1909	全米黒人地位向上協会（NAACP）が発足
1914	第1次世界大戦勃発。ジャマイカで「万国黒人向上協会」（UNIA）が発足
1915	南部から北部へと向かう黒人の大移動開始
1917	アメリカが第1次世界大戦に参戦。1918年終戦
1919	全米26の都市で人種暴動が起こる
1920	憲法修正第20条により女性に投票権が与えられる（しかし黒人の女性・男性は大部分が投票できない状態のまま） 野球の「ニグロ・ナショナル・リーグ」が発足
1923	マーカス・ガーヴィーが郵便の不正利用で逮捕
1931	スコッツボロ・ボーイズがレイプの疑いで裁判にかけられ、有罪となる。翌年、連邦最高裁によって有罪判決は無効に
1932	フランクリン・D・ルーズベルトが大統領に就任
1933	ニューディール政策開始
1938	黒人ボクサーのジョー・ルイスがドイツ人のマックス・シュメリングとの試合に勝利
1941	A・フィリップ・ランドルフがワシントン行進を組織 ルーズベルト大統領が大統領令8802号で公正雇用慣行委員会を設置
1943	ハーレムとデトロイトで人種暴動が発生
1944	スウェーデンの経済学者グンナー・ミュルダールが『アメリカのジレンマ――黒人問題と近代民主主義』を発表
1945	第二次世界大戦終結。100万人近くのアフリカ系アメリカ人が従軍
1947	公民権運動家のグループが、バスの人種差別を禁じる法律が遵守されていることの確認として、はじめての「フリーダム・ライド」を行う ブルックリン・ドジャーズのジャッキー・ロビンソンが、アフ

	リカ系アメリカ人としてはじめてメジャーリーグの試合に出場
1948	ハリー・S・トルーマン大統領が軍隊での人種差別を禁止する大統領令を発令
1954	「ブラウン対教育委員会」事件で、連邦最高裁が学校での人種差別は違法との判決
1955	シカゴの少年エメット・ティルがミシシッピで殺害される
	アラバマ州モンゴメリーで、ローザ・パークスが白人の男にバスの席を譲らなかったかどで逮捕される。1年にわたるバスのボイコットが起こり、大規模な公民権運動の発端に
1957	アーカンソー州リトルロックのセントラル高校で、人種統合を強制するため、ドワイト・D・アイゼンハワー大統領が連邦軍を派遣
1960	ノースカロライナ州グリーンズボロで、黒人の大学生が食堂(ランチ・カウンター)における人種差別に対して座り込み抗議(シット・イン)を行う
1962	暴動の中、ジェームズ・メレディスが黒人としてはじめてミシシッピ州立大学に入学
1963	アラバマ州バーミンガムで公民権運動のデモ参加者が警察犬と消火ホースの攻撃を受ける
	ミシシッピ州ジャクソンで公民権運動の指導者メドガー・エヴァーズが暗殺される
	マーティン・ルーサー・キング・ジュニア牧師が首都ワシントンで25万人のデモ行進を先導
	アラバマ州バーミガムの16番通りバプティスト教会で、黒人の少女4名がKKKによる爆破で殺害される
	J・F・ケネディ大統領がテキサス州ダラスで暗殺される
1964	公民権運動の活動家3名がミシシッピで殺害される
	ミシシッピ自由民主党が民主党全国大会での発言権を得ることに失敗
	リンドン・B・ジョンソン大統領が公民権法と経済機会法に署名
	キング牧師がノーベル平和賞を受賞
1965	マルコムXがニューヨークで暗殺される
	アラバマ州セルマで公民権運動のデモ参加者を警察が攻撃
	ロサンゼルスのワッツ地区で暴動

1966	ストークリー・カーマイケルが「ブラック・パワー運動」開始
1968	カーナー委員会が、アメリカは「分離され、かつ不平等なふたつの社会――黒人の社会と白人の社会」になりつつあると警告 キング牧師がテネシー州メンフィスで暗殺される ロバート・ケネディがロサンゼルスで暗殺される 「貧者の行進」(プア・ピープルズ・キャンペーン) がワシントンで5万人を動員
1970	大都市で人種暴動が多発
1972	シャーリー・チゾムが黒人として初めて大統領指名選挙に臨む 「ナショナル・ブラック・ポリティカル・アセンブリー」がインディアナ州ゲイリーで結党集会
1973	トム・ブラッドレーが黒人として初のロサンゼルス市長に就任
1975	黒人の子どもを白人の学校へ送る強制バス通学をめぐり、ボストンで暴力事件
1977	TV ドラマシリーズ『ルーツ』がアフリカ系アメリカ人の歴史について国民的な議論を引き起こす
1978	アラン・バッキがカリフォルニア大学デービス校を「逆差別」で訴えた裁判で、連邦最高裁がバッキの主張を認める。これによりアファーマティヴ・アクション政策が弱体化
1983	ハロルド・ワシントンが黒人として初のシカゴ市長に就任 バネッサ・ウィリアムズがアフリカ系アメリカ人初のミス・アメリカになる
1984	ジェシー・ジャクソンが1回目の大統領指名選挙に出馬 (2回目は1988年) 「ザ・コスビー・ショー」放送開始。テレビの通常番組で最大の人気番組に
1989	ダグラス・ワイルダーがバージニア州知事に就任。初の黒人州知事
1992	キャロル・モズリー・ブラウンが黒人女性初の上院議員に ロドニー・キング、4人の警官に暴行され、ロサンゼルス暴動が起きる。全米最大規模の暴動に発展
1994	レストラン・チェーン「デニーズ」が、黒人の客に対する組織的な差別について起訴され、慰謝料を支払う バイロン・デ・ラ・ベックウィズが1963年に黒人指導者のメドガー・エヴァーズを殺害したとして、3度目の裁判で有罪に

1995	ワシントンで100万人大行進が開催される 元フットボール選手で俳優のO・J・シンプソンが、元妻とその友人を殺したとして争われた裁判で無罪に。
1996	クリントン大統領が個人責任および就業機会調整法に署名し、貧困層のための予算が削減される
1999	ニューヨークの警官が黒人移民のアマドゥ・ディアロを惨殺
2004	バラク・オバマが民主党全国大会の演説で頭角をあらわす
2005	エドガー・レイ・キレンが1964年に3人の公民権運動活動家を殺害した事件で有罪に ハリケーン・カトリーナがニューオリンズを襲い、黒人の住民が甚大な被害を受ける
2009	オバマが黒人初の合衆国大統領に就任 ハーバード大学教授ヘンリー・ルイス・ゲイツ・ジュニアが逮捕される
2011	ワシントンでキング牧師の国定記念碑が公開される
2012	黒人のティーンエイジャー、トレイボン・マーティンがジョージ・ジマーマンに射殺されるが、翌年ジョージは無罪に
2013	オバマ大統領の第二期が始まる。トレイボン・マーティン殺害に対する無罪判決に対して、ブラック・ライブズ・マター（BLM）運動が起こる
2014	エリック・ガーナーが「息ができない」と繰り返し訴えたにもかかわらず、警官の締め技により窒息死。この出来事は携帯電話により撮影されていた
2016	ドナルド・トランプが大統領に就任
2017	白人至上主義者がバージニア州シャーロッツヴィルに結集。それに抗議した白人のヘザー・ハイヤーがデモに突入した白人至上主義者の車により死亡
2020	新型コロナウイルスの世界的流行 ミネアポリスで46歳の黒人ジョージ・フロイドが白人警官によりおよそ9分間にわたる膝による首の圧迫で殺害される。国内で大きな抗議が起こり、BLM運動が再燃、世界に広がる ギンズバーグ連邦最高裁判事の死により、後継を選ぶことに対して論争が起こる ジョー・バイデンが大統領に、カマラ・ハリスが女性として、黒人として初の副大統領に選出される